Dr. med. Helmut W. Mallmann

Schwangerschafts-Ratgeber für Männer

Dr. med. Helmut W. Mallmann

Schwangerschafts-Ratgeber für Männer

Ravensburger Ratgeber im Urania Verlag

Zum Thema bereits erschienen:
Dr. Miriam Stoppard: Das große Buch der Kinderkrankheiten. ISBN 3-332-01302-5
Peter Walker: Babymassage. ISBN 3-332-01293-2
Heidi Velten, Bruno Walter: Harmonische Babymassage. ISBN 3-332-01313-0
Monika Thiel: Babyspaß mit PEKiP-Spielen, ISBN 3-332-01308-4
Heike Baum: Papa, spiel mit mir! ISBN 3-332-01135-9
Jeanette Stark-Städele: Unser Baby im ersten Jahr, ISBN 3-332-01252-5

Der Autor: Dr. med. Helmut W. Mallmann ist Gynäkologe und Geburtshelfer mit eigener Praxis in Köln. Seit vielen Jahren führt er Geburtsvorbereitungskurse durch und erlebt dabei immer wieder, dass es besonders Männern an genaueren Informationen fehlt. Deshalb war es ihm ein besonderes Anliegen, diese Informationslücke mit einem Buch zu schließen.

Die Deutsche Bibliothek – CIP-Einheitsaufnahme
Ein Titeldatensatz für diese Publikation ist bei Der Deutschen Bibliothek erhältlich

www.dornier-verlage.de
www.urania-verlag.de

9. Auflage April 2002

Der Urania Verlag ist ein Unternehmen der Verlagsgruppe Dornier.

Die Ratschläge in diesem Buch sind von Herausgeber und Verlag sorgfältig erwogen und geprüft, dennoch kann eine Garantie nicht übernommen werden. Eine Haftung des Herausgebers bzw. des Verlags und seiner Beauftragten für Personen-, Sach- und Vermögensschäden ist ausgeschlossen.

Umschlaggestaltung: Behrend & Buchholz, Hamburg
Umschlagfoto: Tony Stone Bilderwelten
Fotos: Ernst Fesseler (Seite 34), Jürgen Junker-Rösch (Seite 103), Ursula Markus (Seite 23, 61, 105, 118), Gerd Pfeiffer (Seite 11, 82, 90, 98, 110), Michael Seifert (Seite 9, 85, 95, 117), Photodisc
Zeichnungen: Ekkehard Drechsel BDG
Satz: Thoms BuchDesign, Berlin
Druck: Westermann Druck Zwickau
Printed in Germany

ISBN 3-332-01380-7

Inhalt

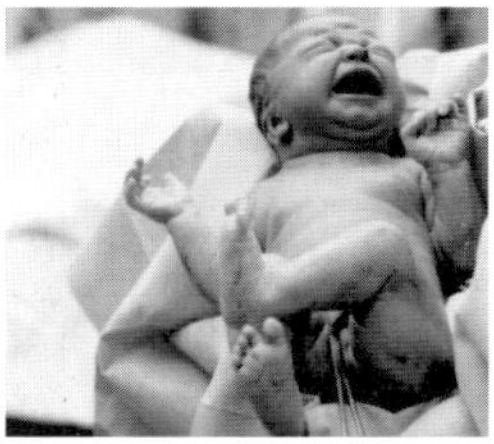

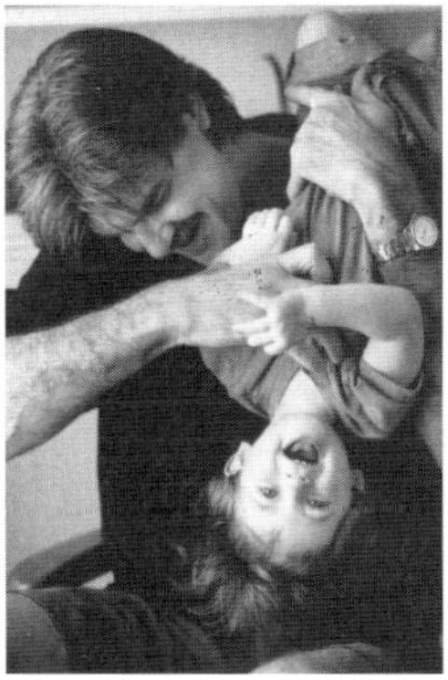

Vorwort

„Das Schwangerschaftsbuch für Männer“ ist der Versuch, in einfacher und kurzer Form das darzustellen, was ein Mann über Schwangerschaft, Geburt und die Zeit danach wissen sollte. Dabei werden die Probleme, die vor allem nach der Geburt durch die neue Familiensituation entstehen, nicht ausgespart.

Weshalb ich es für nötig befand, ein Schwangerschaftsbuch für Männer zu schreiben, ergibt sich aus meiner Biographie. In meiner Ausbildungszeit als Geburtshelfer fiel mir auf, dass man zwar gerne sah, dass die Männer ihre Frauen bei der Geburt begleiteten, aber in den Geburtsvorbereitungskursen blieb für die männerspezifischen Probleme und die Vorbereitung der Männer auf die sie möglicherweise betreffenden Situationen keine Zeit. Als sich mir die Möglichkeit bot, eine Elternschule zu gründen, habe ich mich in meinen Kursen der besonderen Situation des Mannes angenommen. In meiner Praxis als Gynäkologe und Geburtshelfer werde ich mit den Freuden und Problemen der Frau tagtäglich konfrontiert, und ich stelle dabei immer wieder fest, dass die Belastung der Frau, die durch die neue Familiensituation entsteht, oft unterschätzt wird. Ein weiterer Grund, der mich zum Schreiben dieses Buches veranlasste, ist, dass ich mit meiner Frau und unseren zwei Kindern zusammenlebe und alle Ängste und Freuden, die Schwangerschaft und Geburt mit sich bringen, selbst erlebt habe.

Die Schwangerschaft bedeutet eine tief greifende Veränderung in der Beziehung zwischen Mann und Frau. Sie bietet Chancen, sich selbst weiterzuentwickeln, Unstimmigkeiten in der Beziehung aufzugreifen und sie zur Zufriedenheit beider Partner zu bearbeiten. Ich erfahre immer wieder in meiner Praxis, wie sehr eine Schwangerschaft die Sensibilität von Mann und Frau steigern kann.

Ich habe in meiner langjährigen praktischen Arbeit gelernt, wie sehr es Menschen in Konfliktsituationen hilft, wenn man ihnen vermittelt, dass sie mit ihrem Problem nicht allein dastehen. Auch das gab mir den Mut, über das großartige Erlebnis bei Schwangerschaft und Geburt ein Buch zu schreiben.

Die Schwangerschaft

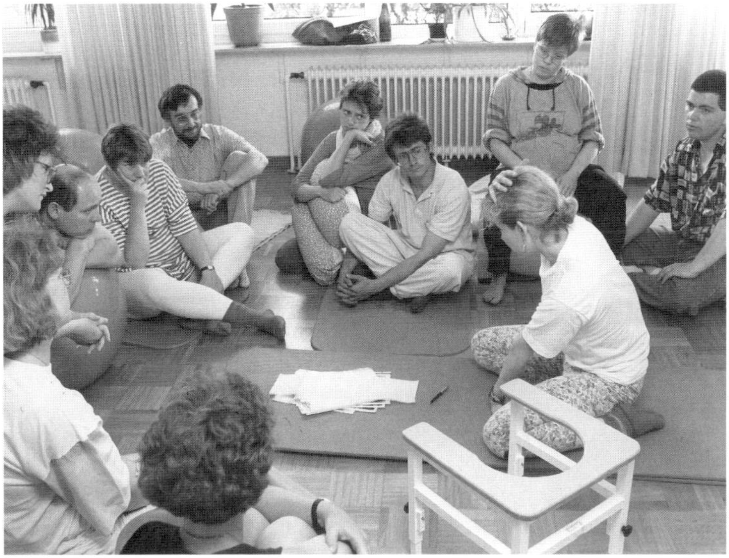

Neun Monate sind eine lange Zeit!
Sie können alle Veränderungen auf sich zukommen lassen und in Ruhe überlegen, wie Sie Ihr künftiges Familienleben gestalten möchten.
Für die Ängste und Sorgen ist das medizinische Personal zuständig, Tipps für Ihren veränderten Alltag erteilen gern alle „Kollegen“. Bitte vergessen Sie über alldem nicht, auf Ihr Gefühl zu hören und – sich ganz einfach zu freuen.

Wie lange dauert eine Schwangerschaft?

40 Wochen? Nicht wirklich.

Die meisten Mediziner bezeichnen den ersten Tag der letzten Regelblutung als Beginn der Schwangerschaft. Dann dauert eine Schwangerschaft 40 Wochen.

Dies ist biologisch gesehen natürlich falsch, da die Befruchtung ja nicht am ersten Tag der Regelblutung stattfindet, sondern meist 14 Tage später. Betrachtet man also die Zeit der wirklichen Entwicklung des Kindes im Bauch der Mutter, dann dauert eine Schwangerschaft 38 Wochen.

266 Tage, also 38 Wochen!

Wenn Sie also etwas über Schwangerschaft lesen, achten Sie darauf, von welchem Zeitpunkt ab der jeweilige Verfasser den Beginn einer Schwangerschaft zählt.

Manche Ärzte verwenden die Kürzel p. m. oder p. c. und schreiben zum Beispiel: 10. SSW p. m. Das bedeutet: 10. Schwangerschaftswoche nach der Menstruation (post menstruationem). Die 10. SSW p. c. ist die 10. Schwangerschaftswoche nach der Befruchtung (post conceptionem).

In diesem Buch bezieht sich die Angabe der Schwangerschaftswochen auf die Zeit der Befruchtung, somit müsste die Bezeichnung also mit p. c. gekennzeichnet sein.

Der errechnete Termin

Nur wenige sind pünktlich.

Nur ein paar Worte dazu: Der so genannte ET (errechnete Termin) ist nichts anderes als eine rechnerische Größe. Nur wenige Kinder, etwa 4 %, werden zum errechneten Termin geboren.

Statistisch gesehen kommen 80 % aller Kinder in einem Zeitraum von zwei Wochen vor und zwei Wochen nach dem errechneten Termin auf die Welt. Das zeigt, wie wenig genau der ET ist.

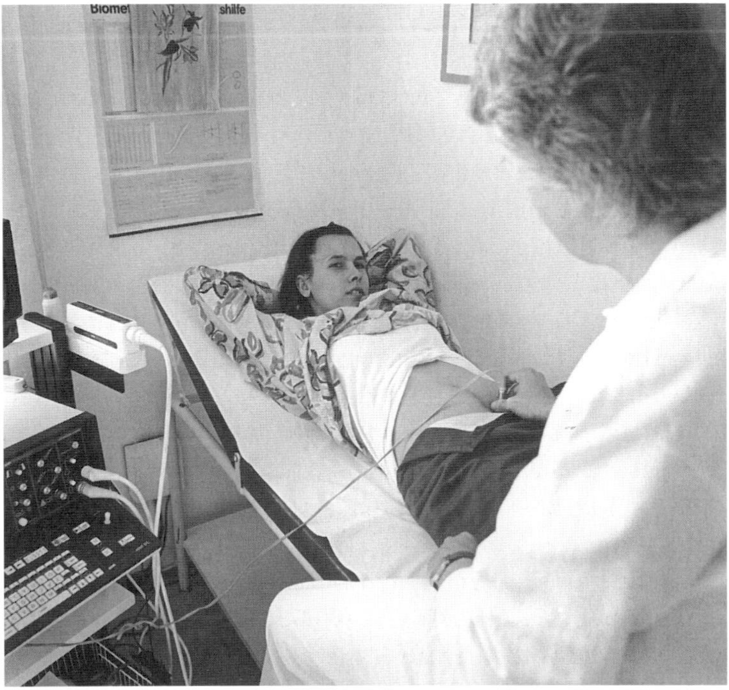

Der Schwangerschaftsverlauf

Drei ungleiche Drittel

Die Schwangerschaft wird in drei Drittel von je 12,5 Wochen eingeteilt. Die einzelnen Drittel, auch Trimenon I, II und III genannt, haben charakteristische Züge. Während der Schwangerschaft vollziehen sich gewaltige körperliche, hormonelle und psychische Prozesse. Dabei beeinflussen sich diese Prozesse gegenseitig. Die Auswirkungen dieser Veränderungen werden meist sehr positiv erlebt. Es sei noch einmal darauf hingewiesen, dass die folgende Beschreibung nicht alle Aspekte des Schwangerschaftsverlaufs berücksichtigt. Es wird vielmehr dargestellt, was in den meisten Fällen erlebt wird und häufig vorkommt.

Das erste Schwangerschaftsdrittel

Erstes Drittel: stille Freude

In den ersten Monaten, in denen zunächst noch keine körperlichen Veränderungen sichtbar sind, findet eine Beziehung zum erwarteten Baby mehr durch die gemeinsame Phantasie statt. Wem wird das Kind wohl ähnlich sehen? Ist es ein Mädchen oder ein Junge? Die Zeit der ersten Monate ist ein relativ intimes Erleben der Schwangerschaft, denn die Umwelt kann die Schwangerschaft noch nicht wahrnehmen. Mann und Frau sind auch noch so sehr in ihr routiniertes Alltagsleben eingebunden, dass die Schwangerschaft zunächst noch nicht im Vordergrund steht. Aber in den stillen gemeinsamen Stunden können sie sich über ihre neue Situation freuen.

Die Organentwicklung des Kindes kostet viel mütterliche Kraft.

Nicht selten fühlen sich Frauen zu Beginn der Schwangerschaft müde. Dies ist durch die allgemeine Umstellung zahlreicher Stoffwechselvorgänge bedingt. Für den Mann ist dies die erste neue Grenze, die es zu akzeptieren gilt. Bei manchen sonst gemeinsamen Aktivitäten wird die Frau sich nun eher einmal zurückziehen. Auch Übelkeit und Erbrechen können das Wohlbefinden der Frau stören. Glücklicherweise endet die Übelkeit meist nach der 12. Schwangerschaftswoche. Es gibt keine allgemein gültigen Regeln, wie intensiv, sowohl im positiven wie im negativen Sinne, die Schwangerschaft von der Frau empfunden wird. Häufig finden sich im psychischen Bereich bei Mann und Frau ähnliche Empfindungen, zum Beispiel die Angst vor einer Behinderung des Kindes.

Die Frage nach dem Gesundheitszustand des Kindes spielt heute bereits am Anfang der Schwangerschaft eine Rolle, weil es vorgeburtliche Untersuchungen gibt, die bereits in der achten Schwangerschaftswoche durchgeführt werden.

Das zweite Schwangerschaftsdrittel

Um die 18. Woche herum spürt die Schwangere meist die ersten Kindsbewegungen. Die Schwangerschaft kommt dadurch

Jetzt kommt Bewegung ins Spiel.

in eine bewusstere Phase. Mehr und mehr empfindet die Frau das Kind als eigene Persönlichkeit. Es kann zum Beispiel als sehr aktiv, als ruhig, als anschmiegsam oder als unruhig empfunden werden. Der Mann entwickelt über die Reaktionen und die Erzählungen seiner Partnerin konkretere Vorstellungen von seinem Kind. Mit Fortschreiten der Schwangerschaft kann auch er das Kind spüren. Wenn er die Hände auf den Bauch der Frau legt, fühlt er die Bewegungen des Kindes. Mit etwas Ausdauer und Geduld können Männer allmählich auch vom Kind Reaktionen auf ihre Berührungen empfangen. Viele Männer können gut unterscheiden, welche Art zu streicheln oder zu massieren dem ungeborenen Kind gut tut. Sie lernen, wie stark der ausgeübte Druck sein darf, damit sich das Kind wohl fühlt. Der Mann stößt dabei auf die ersten Grenzen, die das Kind setzt. Er merkt bald, dass das Kind positiv „antwortet", zum Beispiel durch Anschmiegen des Rückens an die streichelnde Hand. Ab der mittleren Phase der Schwangerschaft besteht die Chance, das Kind immer mehr als eigene Persönlichkeit zu erleben.

Die Schwangerschaft wird öffentlich.

Im sozialen Umfeld wird dem Mann in dieser Zeit auch nicht die sonst übliche Härte abverlangt, er darf durchaus von seinen positiven körperlichen Erlebnissen berichten und schwärmen. Viele Männer berichten im Geburtsvorbereitungskurs, dass ihnen im beruflichen Umfeld eine fast unangenehme Vertraulichkeit von seiten der männlichen Kollegen, die schon Vater sind, entgegengebracht wird. Aufgrund dieser Akzeptanz besteht für den Mann jetzt eine Chance, eventuell nach der Geburt des Kindes kürzere Arbeitszeiten durchzusetzen. Jetzt wird ihm so schnell niemand Faulheit oder mangelndes Interesse am Unternehmen vorwerfen. Es ist teilweise erstaunlich, wie viele Zugeständnisse ein werdender Vater erreichen kann. Die Erfahrungen von den Männern, die es wagen, sich während der Zeit der Schwangerschaft ihrer Partnerin um familienfreundlichere Arbeitszeiten zu bemühen, sind sehr ermutigend.

Während die meisten Frauen das zweite Drittel als die schönste Zeit der Schwangerschaft bezeichnen, ist das letzte Drittel durch Schlussstimmung gekennzeichnet.

Das letzte Schwangerschaftsdrittel

Drittes Drittel: der Endspurt

Die Größe des Kindes wird für die Frau immer belastender. Viele ihrer sonstigen Bewegungen sind nicht mehr möglich oder schmerzhaft. Häufig leidet sie unter Schlafstörungen. Durch den Druck auf den Magen entsteht oftmals Sodbrennen. Essgewohnheiten müssen geändert werden. Die Frau wird in ihrer Freiheit stark eingeengt. Sie kann nur schwer Einfluss auf die Veränderungen nehmen oder ihnen ausweichen. Sowohl seelisch wie körperlich scheint der Überdruss über den Zustand auch vernünftig zu sein, denn die Geburt wird so zum angestrebten Ziel.

Das Teilhaben des Mannes besteht weiterhin im Ertasten des Kindes durch den Bauch der Mutter. Immer häufiger sieht er jetzt auch die Bewegungen des Kindes. Teilweise sind die Bewegungen so stark, dass man denkt, Hand oder Fuß greifen zu können. Aber der Mann ist von den Unannehmlichkeiten der Frau letztendlich so betroffen, dass auch er die Geburt herbeisehnt.

In der letzten Phase der Schwangerschaft kommen viele Ängste bei Frau und Mann auf. Wann beginnt die Geburt? Wird man die Hebamme rechtzeitig erreichen? Ist das Kind gesund? Wie wird die Geburt verlaufen?

Diese Ängste werden häufig durch die Umgebung verstärkt. Verwandte und Freunde zeigen sich nicht selten ohne jede Art von Feingefühl.

Frauen berichten, dass ihnen kurz vor der Geburt noch die schaurigsten Geburtsgeschichten erzählt werden, dass das

Telefon nicht still steht und unentwegt gefragt wird, wann denn nun endlich das Kind käme.

Schaffen Sie sich jetzt schon ein „dickes Fell“ an, Sie werden es brauchen.

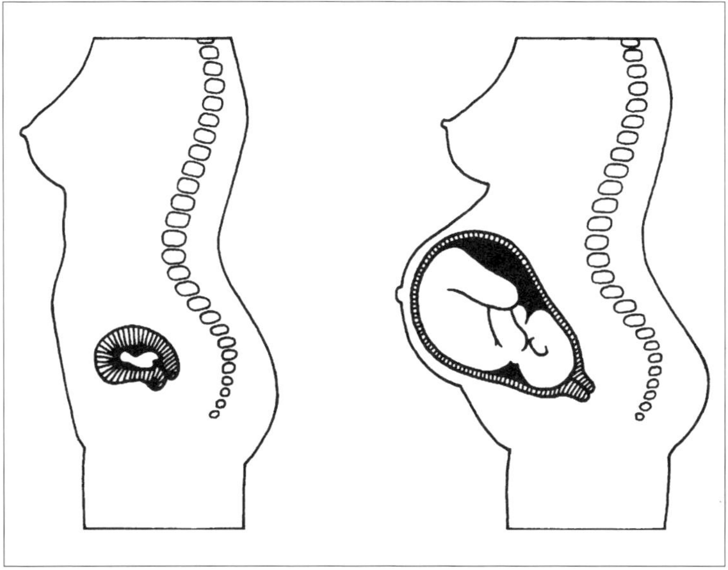

Die Größenzunahme der Gebärmutter gegen Ende der Schwangerschaft beträgt das 30-fache ihrer Ausgangsgröße.

Sexualität in der Schwangerschaft

Kein Verzicht auf Sexualität. Offenheit für mögliche neue Grenzen.

Das sexuelle Leben ist schon außerhalb der Zeit der Schwangerschaft so variantenreich, dass es erst recht schwer fällt, einen „Normalzustand“ für die Zeit während der Schwangerschaft zu beschreiben. Ich beschränke mich darauf, einige Besonderheiten aufzuzeigen, die häufig vorkommen. Die Ausprägungen dieser Besonderheiten sind individuell sehr unterschiedlich und von der Intimität der Paarbeziehung abhängig. Aber es gibt doch etliche Probleme und Erfahrungen, die von vielen Paaren geteilt werden.

Grundsätzlich erfordert die Schwangerschaft keine Einschränkung des sexuellen Lebens. Das körperliche und seelische Wohlergehen des Kindes ist beim sexuellen Verkehr nicht gefährdet. Wie in vielen anderen Bereichen auch, bieten sich ebenfalls für das sexuelle Leben während der Schwangerschaft besondere Chancen, festgefahrene Strukturen in der Beziehung aufzuarbeiten und zu verändern. Gerade im Rahmen der Sexualität wird über besondere Wünsche und Abneigungen der Partner so gut wie nie gesprochen. Während der Schwangerschaft entstehen aber zwangsweise Veränderungen, die zwischen den Partnern besprochen werden müssen, und dabei können Abneigungen und Wünsche neu formuliert werden. So kann zum Beispiel der Mann eine sanftere Art von Sexualität schätzen lernen. Durch die körperlichen Veränderungen der Frau werden neue Stellungen ausprobiert, die der Mann sich zuvor nicht getraute anzusprechen. Nur Mut, denn dies ist jetzt eine Chance, die sich vielleicht nicht mehr ergibt. Und dies ist eine Chance für beide Partner, zu einem befriedigenden Sexualleben zu kommen. Es liegt mir fern, Schwangerschaft als Sexualtherapie zu verstehen, man bedenke aber, dass Veränderungen, die von außen kommen, oft die Möglichkeit zur Erneuerung nach innen ermöglichen.

Anfänglich arbeiten die Beschwerden der Libido entgegen.

Im ersten Schwangerschaftsdrittel kann das sexuelle Verlangen der Frau durch die möglichen Beschwerden der Frühschwangerschaft vermindert sein:

- Müdigkeit
- Erbrechen
- Übelkeit
- Brustspannen
- Ängste.

Wenn man bedenkt, dass in den ersten zwölf Wochen der Schwangerschaft millionenfache Zellteilungen einen Menschen mit allen Organen aufbauen und jede Zellteilung eine enorme Stoffwechselleistung bedeutet, darf es nicht verwundern, dass der Körper der Frau erschöpft ist. Allein diese körperliche Leistung verlangt so viel Energie von ihr, dass wenig Raum für aktive Sexualität bleibt.

Hier müssen Männer bisweilen umdenken. Der Mann verbindet sexuelle Anerkennung und Akzeptanz durch die Partnerin meist mit Penetration. Darf er Sexualität nicht über das Einführen seines Gliedes erleben (Penetration), fühlt er sich oft nicht bestätigt, nicht geliebt. Aber gerade in der Zeit der Erschöpfung sucht die Frau Zärtlichkeit, Nähe, Verständnis, Zuspruch und auch sanfte körperliche Zuwendung wie Festhalten und Massagen.

Es bedarf sicher keines Kommentars durch psychologische Experten, und es wird wohl jedem klar sein, dass Frauen, die durch ständige Übelkeit und Erbrechen geplagt sind, keine Lust auf Sexualkontakt haben. Das tägliche Problem der Frau in dieser Zeit ist, ihre körperlichen Schwierigkeiten in den Griff zu bekommen. Meist findet diese unangenehme Phase in der zwölften Schwangerschaftswoche ein Ende.

Brustspannen

Das erlebt fast jede Schwangere.

Ein Teilproblem der Sexualität in der Frühschwangerschaft kann das Brustspannen sein. Das Brustspannen wird manchmal so stark, dass jede Art von Berührung schmerzhaft ist. Der Mann wird aber häufig durch die zunehmende Größe der Brust erregt und möchte diese Spannung auch sexuell umsetzen. Da ist zunächst Zurückhaltung vonseiten des Mannes notwendig.

Es gilt auch hier, dass diese Beschwerden der Frau nach der zwölften Schwangerschaftswoche abnehmen.

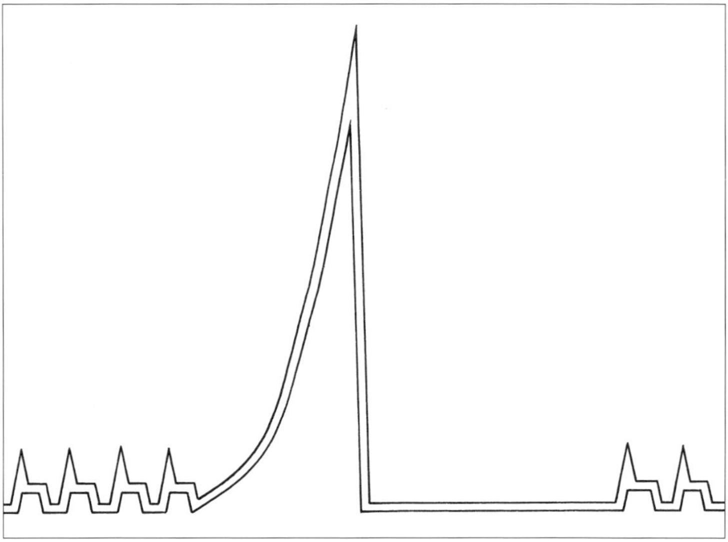

Hormonentwicklung
Minimale Hormonveränderungen steuern den Zyklus der Frau vor der Schwangerschaft. In der Schwangerschaft steigt die Hormonkonzentration im Blut überproportional an, um nach der Geburt von einem Tag auf den anderen auf ihr Ausgangsniveau abzufallen. Erst nach der Stillzeit pendelt sie sich langsam wieder auf ihr normales Niveau ein.

Ängste

Die Angst vor Sexualkontakt in der Schwangerschaft ist meist unbegründet.

Ängste können nicht nur bei der Frau das Sexualleben beeinträchtigen. Auch Männer haben häufig Angst, durch die Berührung beim Sexualkontakt eine Fehlgeburt oder eine Verletzung des Kindes zu verursachen. Diese Ängste bauen sich aber im Verlauf der Schwangerschaft meist rasch ab. Sieht man einmal von den beschriebenen Ursachen ab, die eine Einschränkung erforderlich machen, so ändert sich in den meisten Fällen das Sexualverhalten in der Frühschwangerschaft nicht im Vergleich zur Situation vor der Schwangerschaft.

Das sexuelle Verlangen steigt

Das mittlere Drittel

Im zweiten Schwangerschaftsdrittel steigt meist das sexuelle Verlangen der Frau. Viele Frauen berichten, dass sie dies sowohl quantitativ wie auch qualitativ erleben. Das Anschwellen der Scheide und des Dammbereichs empfinden viele Frauen als starke sexuelle Stimulation. Wenn wohl auch in den meisten Beziehungen die Sexualfrequenz des Mannes höher liegt, kann er jetzt darin von der Frau übertroffen werden. Manche Frauen empfinden die körperliche Stimulation so stark, dass sie sich häufiger auch selbst befriedigen.

Den Männern sei an dieser Stelle empfohlen, die Selbstbefriedigung in ihrem Sexualleben nicht zu vergessen, wenn – aus welchem Grund auch immer – das sexuelle Bedürfnis bei beiden Partnern unterschiedlich groß ist. Im Rahmen der Sexualberatung werde ich oft auf Selbstbefriedigung angesprochen. Es gilt als sicher, dass Selbstbefriedigung sowohl für den Mann als auch für die Frau gesundheitlich unbedenklich ist. Dies gilt auch für die Selbstbefriedigung der Frau während der Schwangerschaft. Sie sollte deshalb genauso frei genossen werden wie jede andere Art von Sexualität. Außerdem entsteht dadurch keine Überforderung des Partners.

Erleben des Mannes / der Frau

Es passt nicht immer.

Der gesteigerten Lust der Frau steht manchmal die Angst des Mannes entgegen, das mittlerweile gewachsene Kind oder die Fruchtblase zu verletzen. Die Fruchtblase stellt aber für das Kind einen solch perfekten Sicherheitsbereich dar, dass diese Angst unbegründet ist. Wenn auch alle Vergleiche hinken, stelle man sich vor, wie schwer es ist, einen mit Wasser gefüllten Luftballon mit einem stumpfen Gegenstand zu zerstören. Durch die Flexibilität der Hülle kann der Druck überallhin ausweichen. So kommt es auch bei schweren Unfällen, in die schwangere Frauen verwickelt sind, nur selten zu Verletzungen des Kindes oder der Fruchthöhle. Dies hat unter Umständen für eine betroffene Frau juristische Konsequenzen. Kommt es nämlich bei einem Unfall zu einem Blasensprung, wird dies gutachterlich nicht allein durch den Unfall begründet, sondern durch ein Zusammentreffen mehrerer Faktoren, zum Beispiel eine eventuelle Infektion des Gebärmutterhalses usw.

Keine Gefahr für das Kind!

Auch die Angst, beim Geschlechtsverkehr Infektionen auszulösen, die wiederum die Gesundheit des Kindes gefährden können, ist grundsätzlich nicht berechtigt. Im Einzelfall kann es natürlich sinnvoll sein, Sicherheitsmaßnahmen zu ergreifen. Kommt es in der Beziehung häufiger zu Partnerwechsel, sollten Kondome zum Schutz vor Infektionen verwendet werden. Denn gerade die typischen Geschlechtskrankheiten wie Tripper, Chlamydien, Herpes oder gar Aids stellen echte Gefahren für das Kind dar.

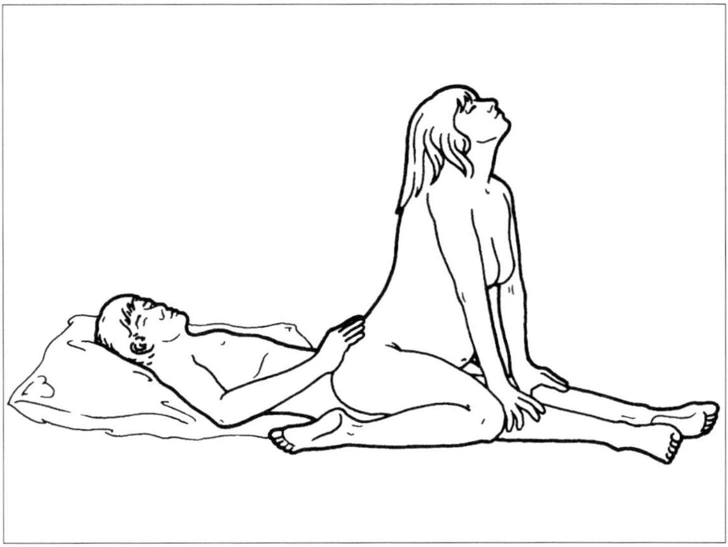

Stellung, in der die Frau die Eindringtiefe gut kontrollieren kann

Die besten Stellungen

Rücksicht sollte keine Einschränkung sein.

Bedingt durch die zunehmende Größe des Kindes, lassen sich bestimmte Stellungen nunmehr schwer durchführen. Häufig wird das Paar Stellungen bevorzugen, bei denen die Frau dem Mann den Rücken zuwendet. Dies ist im Liegen, Knien und Sitzen möglich. Es muss einfach ausprobiert werden, welche Stellung am besten ist, und im Laufe der Schwangerschaft muss eventuell variiert werden. Ich möchte die Flut an Abbildungen von möglichen Stellungen in der Schwangerschaft nicht noch vergrößern, mir ist aber aufgefallen, dass eine Stellung, bei der die Frau die Eindringtiefe des Penis gut kontrollieren kann, in keinem einschlägigen Buch abgebildet ist.

Sexualität am Ende der Schwangerschaft

Es kann beschwerlich werden.
Sex als Geburtseinleitung?

Zum Ende der Schwangerschaft, vielleicht ab der 34. Schwangerschaftswoche, wird die Sexualität durch die Beschwerlichkeit des Alltags ebenfalls mit beeinflusst, und die Lust auf Geschlechtsverkehr kann wieder abnehmen. Auch beim Mann findet man in dieser Zeit oft Tendenzen, sexuellen Kontakt zu meiden. In den letzten Schwangerschaftswochen nimmt die Spannung durch die nahende Geburt zu. Aber auch jetzt brauchen Sie nicht auf Geschlechtsverkehr zu verzichten. Wundern Sie sich nicht, wenn Sie am errechneten Termin eventuell von Ihrer Hebamme sogar zum Geschlechtsverkehr aufgefordert werden. Denn das Sperma des Mannes enthält Prostaglandine, einen chemischen Stoff, der bei der grundsätzlich wehenbereiten Gebärmutter Kontraktionen auslösen kann. Wenn die Frau nach oder während des Verkehrs das Becken mit Kissen unterpolstert und die Beine an sich zieht oder durch den Mann halten lässt, sodass ein „Katzenbuckel" entsteht, taucht der Gebärmutterhals in das mit Sperma gefüllte hintere Scheidengewölbe ein, wodurch die Einwirkungsmöglichkeit der Prostaglandine erhöht wird. Die Frau sollte dann etwa zehn bis fünfzehn

Minuten in dieser Stellung verharren. Durch Stimulierung der Brustwarzen mit Saugen und Streicheln kann die Wehenauslösung noch unterstützt werden. Eine gewisse Vorsicht scheint mir insofern geboten, als eine Zweckgebundenheit der Sexualität Gefahren in sich birgt. Aber solange es beiden Partnern Freude macht, so zu verfahren, ist nichts gegen eine solche „Geburtseinleitung“ einzuwenden. Im Zusammenhang mit einer möglichen Überschreitung des errechneten Geburtstermins sei erwähnt, dass der Genuss von Datteln und die Einnahme von Rizinusöl als geburtsfördernde Mittel bekannt sind.

Einschränkung des Sexuallebens

Verbote sind denkbar.

Wann sollte Sexualität eingeschränkt werden? Wenn am Anfang der Schwangerschaft Blutungen auftreten, sollte eine Zeit lang auf das Einführen des Penis verzichtet werden oder die Penetration zumindest nicht so tief erfolgen. Beim Auftreten vorzeitiger Wehen in Verbindung mit einer Verkürzung des Muttermundes sollten zumindest Kondome verwendet werden, damit die Prostaglandine im Sperma des Mannes nicht noch zusätzlich die offenbar verfrühte Bereitschaft der Gebärmutter zur Wehentätigkeit provozieren. Bedeckt der Mutterkuchen den inneren Muttermund, sollte auch auf penetrierenden Sexualverkehr verzichtet werden. Es kann sonst tatsächlich zu plötzlichen Blutungen kommen, die sich oftmals nur schwer stoppen lassen.

Kondome in der Schwangerschaft?

Bei wiederholten vorangegangenen Fehlgeburten sollte auch über den Gebrauch von Kondomen oder den Verzicht auf penetrierenden Verkehr nachgedacht werden. Wichtig scheint mir, bei allen Einschränkungen die Empfindungen der Frau ernst zu nehmen, sie weiß am besten, was ihr gut tut und was sie belastet. Löst das Einführen des Gliedes Wehen aus? Kennt sie ähnliche Blutungen nach dem Geschlechtsverkehr auch aus der Zeit vor der Schwangerschaft?

Ist unser Kind gesund?

- Genetische Untersuchungen (Gibt es Erbanlagestörungen?)
- Ultraschalluntersuchung (Wächst das Kind zeitgerecht?)

- Dopplersonographie (Stimmt die Durchblutung?)
- CTG/Cardiotokogramm (Bekommt das Kind genug Sauerstoff?)

Genetische Untersuchungen

Wenn Sie sicher sein wollen …

Die Brisanz der Untersuchungen liegt in der Gefahr, dass sie eine Fehlgeburt einleiten können. Das Risiko für Erbanlagestörungen des Kindes steigt mit dem Alter der Eltern. Ärzte empfehlen Frauen ab dem 35-ten Lebensjahr eine Amniozentese, da ab diesem Alter das Risiko einer Erbanlagestörung größer als die Gefährdung durch eine Fehlgeburt ist. Ob man sich diese Einstellung zu Eigen macht, ist mehr eine Frage der Weltanschauung als eine medizinische Frage. So genannte nichtinvasive Tests aus dem mütterlichen Blut sind ohne Risiko. In Kombination mit speziellen Ultraschalluntersuchungen gewinnen sie immer mehr an Bedeutung. Das Resultat sagt nicht, ob das Kind krank ist. Man erhält nur das statistische Risiko für eine Erbkrankheit.

Frühamniozentese

Die Amniozentese hat die umfassendste Aussage und das geringste Risiko.

Bei der Frühamniozentese in der zehnten bis zwölften Schwangerschaftswoche wird über die Bauchdecke der Mutter ein wenig Fruchtwasser entnommen. Nach zwei Wochen liegt das Ergebnis vor. Sowohl Chromosomenanomalien als auch Neuralrohrdefekte können mit dieser Methode erkannt werden.

Spätamniozentese

Die Spätamniozentese in der 14. bis 16. Schwangerschaftswoche ermöglicht die gleichen Aussagen wie die Frühamniozentese. Sie ist etwas risikoärmer und hat eine geringere Versagerquote.

Down-Syndrom

Das Risiko für Erbanlagestörungen ist unter anderem auch vom Alter der Eltern abhängig. Das Risiko für die häufigste Chromosomenänderung, die Trisomie 21 (Mongolismus oder Down-Syndrom), steigt mit dem Alter der Mutter.

Die frühe Untersuchung ist etwas riskanter. Manchmal ist das Ergebnis nicht eindeutig.

Alter	Down-Risiko-Index	Alter	Down-Risiko-Index	Alter	Down-Risiko-Index
15	1 : 1600	29	1 : 1000	43	1 : 50
16	1 : 1600	30	1 : 910	44	1 : 40
17	1 : 1600	31	1 : 800	45	1 : 30
18	1 : 1600	32	1 : 680	46	1 : 20
19	1 : 1500	33	1 : 580	47	1 : 16
20	1 : 1500	34	1 : 470	48	1 : 12
21	1 : 1500	35	1 : 380	49	1 : 9
22	1 : 1500	36	1 : 310	50	1 : 7
23	1 : 1400	37	1 : 240	51	1 : 5
24	1 : 1400	38	1 : 190	52	1 : 4
25	1 : 1400	39	1 : 150	53	1 : 3
26	1 : 1300	40	1 : 110	54	1 : 2
27	1 : 1200	41	1 : 85	55	1 : 2
28	1 : 1100	42	1 : 65		

Chorionzottenbiopsie

Die Chorionzottenbiopsie in der achten bis neunten Schwangerschaftswoche ist eine Untersuchung, bei der mehrere winzige Stücke des Mutterkuchens über die Scheide oder über den Bauch der schwangeren Frau entnommen werden, um dann genetisch genau untersucht zu werden. Innerhalb einer Woche erhält man das Ergebnis, zum Beispiel, ob eine Chromosomenanomalie (Trisomie 21) vorliegt. Neuralrohrdefekte können nicht erkannt werden.

Übersicht der Untersuchungen zur Erbanlage

Untersuchungsmethode	Zeitpunkt	Ergebnis nach Verlässlichkeit	Risiko für Fehlgeburt	Vorteil	Nachteil
Chorionzotten biopsie	8.–9. SSW	1 Woche sicher	1–2 %	früh	kein NRD-Ergebnis
Früh-amniozentese	10.–12. SSW	2 Wochen sicher	1 %	früh alle Ergebnisse	Risiko leicht höher
Spät-amniozentese	ab 14. SSW	2 Wochen sicher	0,5–1 %	geringes Risiko	späte Untersuchung
Blutsuchtest	14.–16. SSW	1 Woche unsicher	keins	kein Risiko	ggf. Folgeuntersuchung
Ultraschalluntersuchung	19.–20. SSW	sofort bedingt sicher	keins	kein Risiko	sehr spät

Suchtest

... risikolos, aber nicht sicher ...

Der NIS- Test (Nichtinvasiver Suchtest) ist eine Blutuntersuchung von drei Stoffen – Östriol, HCG und AFP –, die mit einigen Angaben über mögliche Erkrankungen der Schwangeren in einen Computer eingegeben werden. Der Computer errechnet daraus das individuelle Risiko der Frau, ein Kind mit Trisomie 21 (Mongolismus) oder einem Neuralrohrdefekt (offener Rücken) zu gebären. Diesen Test kann man von der 13. bis 15. Schwangerschaftswoche durchführen.

Reine Statistik

Wenn z. B. für eine 38-jährige Schwangere ein persönliches Risiko von 1:1500 errechnet wird, ist dies gegenüber dem Altersrisiko von 1:190 ein deutlich besseres Ergebnis und kann ihr die Entscheidung erleichtern, auf eine Amniozentese zu verzichten. Andererseits wird eine Frau im 25. Lebensjahr mit einem stark erhöhten Risiko eine Amniozentese erwägen.

Entscheidung zwischen Medizin und Weltanschauung

Mediziner empfehlen eine Amniozentese, wenn das Risiko, ein Kind mit Trisomie zu gebären, das Risiko übersteigt, dass durch die Amniozentese eine Fehlgeburt ausgelöst wird. Dies wird von manchen als eine Gleichstellung von Tod und Behinderung empfunden. Welches Risiko Eltern tragen möchten, ist letztlich keine medizinische Frage. Es ist ein Stück Weltanschauung. Da hilft es auch wenig, dass Erweiterungen des NIS Test durch den PAPP-A-Test (s. u.) in der sechsten bis zwölften Woche genauere Ergebnisse erzielen. Die statistischen Risiken können nur Entscheidungshilfen bieten.

Ultraschalluntersuchungen

Bei Ultraschalluntersuchungen können bestimmte Hinweiszeichen auf kindliche Missbildungen auffallen:

Eine vergrößerte Nackenfalte, das dorsonucheale Ödem, ist bei der Trisomie 21 häufiger und kann somit als erhöhtes Risiko gewertet werden. Man findet sie um die zehnte Schwangerschaftswoche.

Auch beim Ultraschall müssen Sie das Restrisiko an Ungewissheit tragen.

Wenn beim Organultraschall in der 20. Schwangerschaftswoche Missbildungen entdeckt werden, kann dies auch ein Hinweis auf genetische Ursachen sein. Man muss erwägen, ob eine Amniozentese sinnvoll ist.

Welche Untersuchung für wen?

- Wenn ein Schwangerschaftsabbruch generell abgelehnt wird, ist der Nutzen der genetischen Untersuchungen fraglich, da sie eine Fehlgeburt einleiten können.
- Wenn ein Paar unabhängig vom Alter sicher sein will, dass kein Gendefekt vorliegt, muss es die Risiken der Amniozentese oder der Chorionzottenbiopsie eingehen.

Ein gewisser Zeitdruck lässt sich nicht vermeiden.

- Wenn ein hohes Missbildungsrisiko und Klarheit zum Schwangerschaftsabbruch besteht, sollte eine möglichst frühe Untersuchungsmethode erwogen werden. Ab der 14. Woche muss meist mit Infusionen künstlich eine Fehlgeburt eingeleitet werden. Dies dürfte psychisch eine noch größere Belastung sein als ein Schwangerschaftsabbruch in einer kurzen Vollnarkose.
- Allgemein wird Frauen eine Amniozentese empfohlen, wenn das Risiko einer Missbildung höher ist als das Risiko einer durch die Untersuchung bedingten Fehlgeburt. Ob man sich dieser Marke anschließt, ist eine persönliche und weniger medizinische Entscheidung.
- Meist lassen sich die elterlichen Ängste durch eine Kombination von Suchtest und Ultraschall abbauen. Zeigt sich ein erhöhtes Missbildungsrisiko, unterliegt es der Verantwortung des Paares, weitere Untersuchungen zu veranlassen.
- Selbst die genetischen Untersuchungen sagen nichts über die Ausprägung der Missbildung aus. Viele Menschen haben Chromosomenanomalien oder Neuralrohrdefekte, ohne es zu wissen.

- Letztlich ist bei keiner Missbildung ein Schwangerschaftsabbruch zwingend. Es gibt Menschen, die stark genug sind, auch das Leben eines Behinderten zu begleiten. Auch wenn das Leben behinderter Menschen oftmals erschwert wird, ist es lebens- und liebenswert.

Eine schwere Entscheidung, aber sie muss getroffen werden.

Ultraschalluntersuchung

Sehen wir von der Missbildungsdiagnostik einmal ab, ist der Ultraschall eine Untersuchungsmethode zur Überwachung der kindlichen Größenentwicklung. Dabei bedeutet:

CRL oder SSL	Abstand vom Scheitel zum Steiß
BIP	Abstand von Schläfe zu Schläfe
FRO	Abstand von Stirn zu Hinterkopf
THQ oder Th	Abstand von Rippe zu Rippe
Femur	Länge des Oberschenkelknochens.

Die Normalwert-Tabellen für die kindliche Größenentwicklung gehen von einem statistischen Mittelwert aus. So entspricht ein BIP von 8,9 cm der 34. Schwangerschaftswoche. Das bedeutet nicht, dass das Kind auch in der 34. Woche ist, sondern nur, dass es in seiner Größe dem Mittelwert zur 34. Woche entspricht. Als normal gelten Werte, die zwei Wochen über und zwei Wochen unter dem entsprechenden Mittelwert liegen. Schließlich gibt es kleine und große Menschen. Auf die 34. Schwangerschaftswoche bezogen, sind für den BIP Werte zwischen 8,5 cm und 9,3 cm normal. Liegen die Messwerte außerhalb der Norm, müssen gegebenenfalls dem zugrunde liegende Erkrankungen gesucht und behandelt werden. Liegt etwa eine Schwäche des Mutterkuchens vor, kann es unter Umständen sinnvoll sein, die Geburt einzuleiten, da die Versorgung des Kindes durch den Mutterkuchen nicht mehr gewährleistet ist. Mit dem Ultraschall lässt sich neben den Messungen ebenfalls die Lage des Mutterkuchens sowie die Anzahl der Kinder ermitteln.

Bei der Entwicklungskontrolle des Kindes ist der Ultraschall unerlässlich.

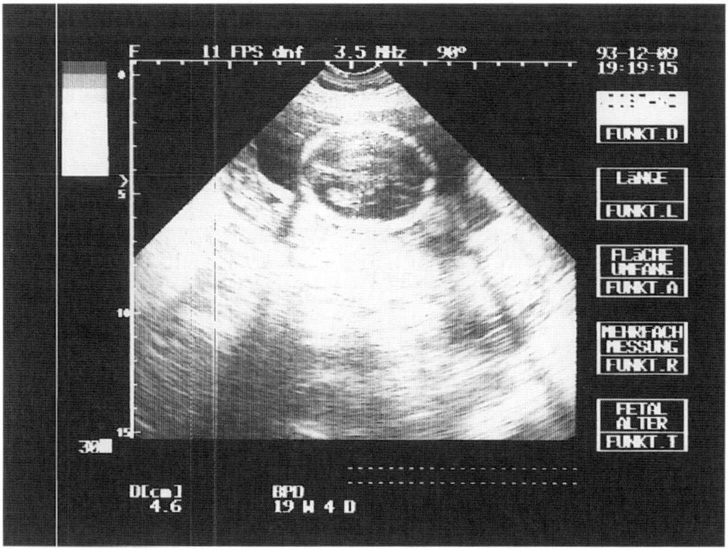

Ultraschall: Das Bild zeigt den Kopf des Fetus von oben. Die Messung entspricht dem BIP (Abstand von Schläfe zu Schläfe).

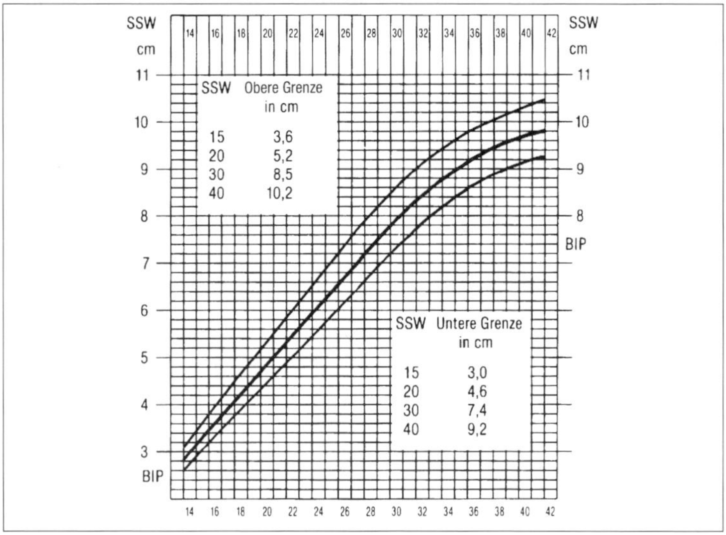

Normwerttabelle für den BIP (Abstand von Schläfe zu Schläfe)

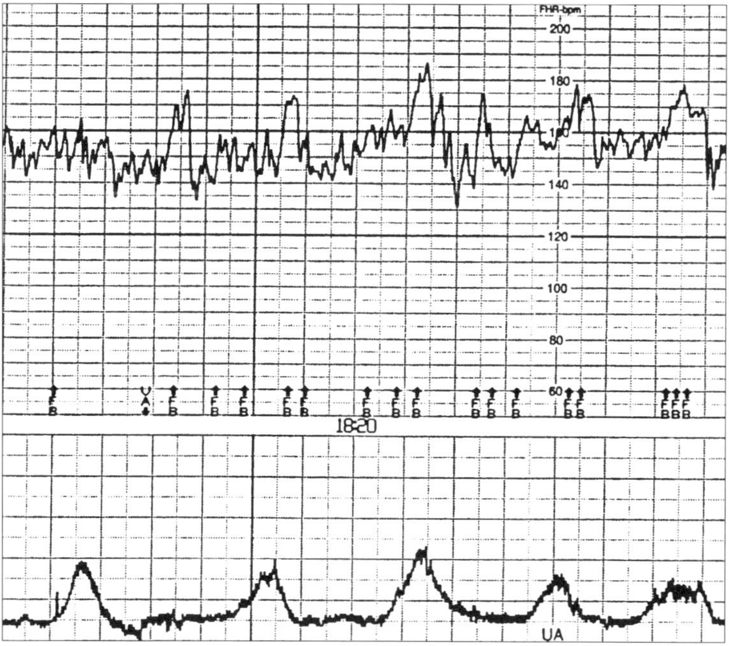

Das Cardiotokogramm (CTG)
Oben: Ein normales CTG. Die untere wellenförmige Linie entspricht der Wehentätigkeit. Oben verläuft die Herzfrequenzkurve. Die Ausschläge nach oben zeigen eine ausreichende Sauerstoffversorgung des Kindes an. Unten: Ein auffälliges CTG. Der geringe Ausschlag zu Beginn des CTG und der Herztonabfall zum Schluss können auf eine unzureichende Sauerstoffversorgung des Kindes hinweisen.

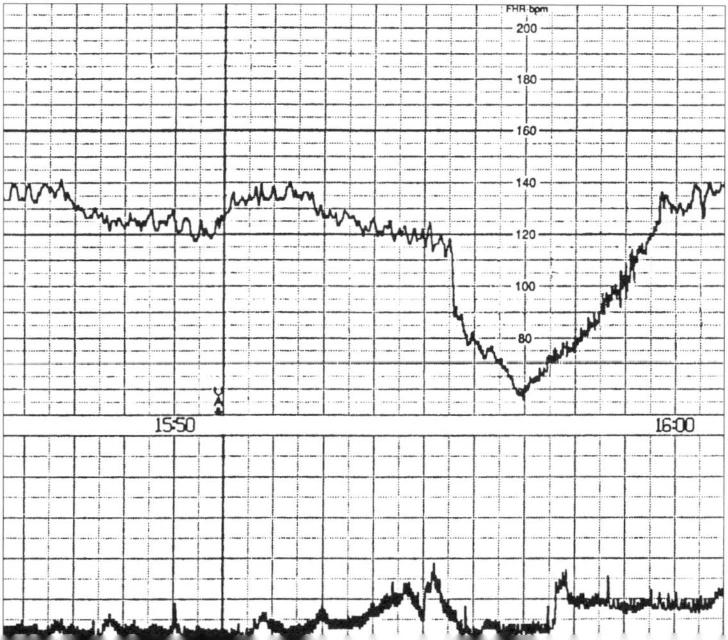

CTG (Cardiotokogramm)

Ab der 28. SSW übernimmt das CTG die Kontrolle über die Sauerstoff-Versorgung des Kindes.

Ab der 28. Schwangerschaftswoche lässt sich die Versorgung des Kindes durch den Mutterkuchen mit Hilfe des CTG (Cardiotokogramm) beurteilen. Beim CTG werden gleichzeitig die Herztöne des Kindes und die Wehentätigkeit der Gebärmutter registriert. Dabei gibt es verschiedene Beurteilungskriterien. Die Herztöne sollten schwanken und Ausschläge nach oben haben (siehe Abb. Seite 31 oben). Eine geringe Schwankung oder Herztonabfälle (siehe Abb. Seite 31 unten) sind als Hinweis auf eine Schwangerschaftserkrankung oder auf Nabelschnurprobleme zu sehen. Hier sind häufigere Kontrollen oder medizinische Maßnahmen zu überdenken. Eine Überprüfung der Mutterkuchenfunktion kann über eine spezielle Ultraschalluntersuchung, die Farbdoppleruntersuchung, erfolgen.

Farbdoppleruntersuchung

Ein zusätzliches Instrument, um die Gesundheit des Kindes zu überwachen

Die Farbdoppleruntersuchung, auch Doppler genannt, arbeitet mit Ultraschallwellen. Sie ist eine Ergänzung bei Auffälligkeiten im Ultraschall oder CTG. Der Doppler in der 20. SSW kann darüber hinaus auf eine Gefährdung der Mutter durch Bluthochdruck in der Schwangerschaft hinweisen.

Erkrankungen in der Schwangerschaft

Emesis

Definition: Übelkeit in der Schwangerschaft.
Therapie: Kleine Mahlzeiten, Ernährung nach Bedürfnis.

Hyperemesis

Definition: Erbrechen in der Schwangerschaft.
Gefahr: Verlust von Mineralstoffen.

Therapie: Kleine Mahlzeiten, Ruhe, Ortswechsel, Akupunktur und Homöopathie. Je nach Ausprägung Infusionen mit Mineralstoffen, Vitaminen und speziellen Medikamenten gegen Erbrechen.

Blutungen in der Frühschwangerschaft

Definition: Blutungen bis zur zwölften Schwangerschaftswoche.

Gefahr: Drohende Fehlgeburt.

Therapie: Ruhe, Magnesium, eventuell Folsäure.

Blutungen in der Spätschwangerschaft

Definition: Siehe Plazenta praevia, vorzeitige Wehen und Plazentalösung. Oft lässt sich jedoch keine Ursache finden.

Gefahr: Drohende Fehlgeburt.

Therapie: Ruhe, Magnesium, eventuell wehenhemmende Medikamente.

Plazenta praevia

Definition: Der Mutterkuchen (Plazenta) liegt vor dem Gebärmutterhals.

Gefahr: Mangelversorgung des Kindes durch Blutverlust.

Therapie: Wehenhemmende Mittel, Magnesium. Als Geburtsform kommt nur ein Kaiserschnitt in Frage.

Vorzeitige Wehen

Definition: Regelmäßige Wehen vor der 36. Woche.

Gefahr: Drohende Fehlgeburt.

Therapie: Ruhe, Magnesium, wehenhemmende Mittel, Kondome. Wichtig: Vorzeitige Wehen allein sind nicht

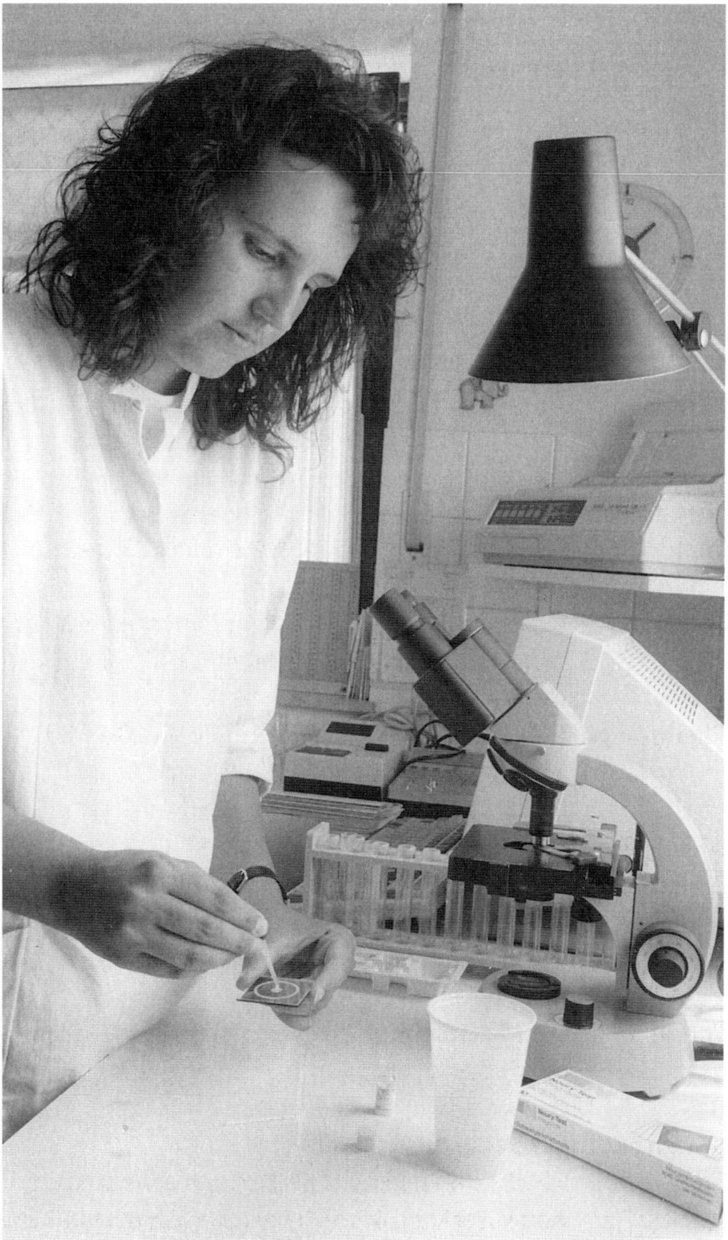

beängstigend. Es wird erst gefährlich, wenn die Wehen den Muttermund verkürzen.

Zervixinsuffizienz

Definition: Verkürzung des Gebärmutterhalses (Zervix).

Gefahr: Drohende Fehlgeburt.

Therapie: Ruhe, Magnesium, wehenhemmende Mittel, Lungenreifung mit Cortison, Kondome.
Der Verschluss des Muttermundes (Cerclage) hat sich nicht bewährt. Eine Ausnahme bildet der „frühzeitige Muttermundverschluss“, der bei wiederholten Fehlgeburten angewandt wird.

EPH- Gestose

Definition: Erhöhter Blutdruck, begleitet durch Wassereinlagerung und Eiweiß im Urin.

Gefahr: Krampfanfälle der Mutter, die die Gesundheit von Mutter und Kind gefährden. Meist ab der 26. Schwangerschaftswoche.

Therapie: Ruhe, Magnesium, blutdrucksenkende Mittel, gegebenenfalls Geburtseinleitung.

HELLP- Syndrom

Definition: Besonders dramatische Form der EPH-Gestose mit Gerinnungsstörung.

Gefahr: Wie EPH-Gestose, aber mit erhöhter Gefahr für Gesundheit und Leben.

Therapie: Oft Kaiserschnitt und gerinnungsstabilisierende Mittel. Wichtig: Kommt sehr selten vor.

Blutunverträglichkeit

Definition: Bei rhesus-negativer Mutter und rhesus-positivem Vater kann in der Schwangerschaft eine Sensibilisierung der Mutter stattfinden. In einer weiteren Schwangerschaft ist dann das Ungeborene gefährdet, wenn es rhesus- positiv ist.

Prophylaxe: Die rhesus-negative Mutter erhält Anti D in der 28. Schwangerschaftswoche, die rhesus-negative Mutter erhält Anti D nach der Geburt eines rhesus-positiven Kindes.

Therapie: Wenn wirklich eine Unverträglichkeit zwischen Mutter und ungeborenem Kind entsteht, muss im schlimmsten Fall ein Blutaustausch des Babys noch im Mutterleib erfolgen.

Wichtig: Durch die bekannte Prophylaxe ist dies eine seltene Notwendigkeit. Die Prophylaxe ist nicht erforderlich, wenn der Vater auch rhesus-negativ ist.

Aids durch Blutkonserven und Blutprodukte

Aus aktuellem Anlass will ich hier einige wichtige Gedanken zum Thema Blutkonserven und Blutprodukte und ihrer Aidsgefährlichkeit äußern.

Blut, ein Notfallmedikament

Viel zu häufig sind Bluttransfusionen auch nach Geburten verabreicht worden. Dies wird sich durch die bekannt gewordenen Gefahren von selbst wieder senken. Blut sollte wirklich nur in sehr dringenden Notfällen und nicht zur Beschleunigung der Regeneration transfundiert werden. Ich würde einer verzögerten Regeneration stets den Vorrang geben. Zur Unterstützung der durch Blutverlust geschwächten Frau kann zum Beispiel vorübergehend eine Haushaltshilfe verordnet werden.

Blutprodukte

Die wichtigsten Blutprodukte für Schwangere sind Seren, die zur Verhütung von Infekten und zur Verhinderung von Blutunverträglichkeit zwischen dem Ungeborenen und einer rhesus-negativen Mutter empfohlen werden. Diese Blutprodukte können, anders als Bluttransfusionen, bei der Verarbeitung virusinaktiviert werden. Trotzdem sollten auch diese Seren nur in zwingenden Situationen eingesetzt werden. Eine kritische Zurückhaltung bei der Verwendung von Produkten menschlicher und tierischer Seren scheint mir angebracht zu sein. Die Skandale um die mit HIV infizierten Blutpräparate zeigen, wie unkalkulierbar die zukünftigen Auswirkungen sind.

Die modernen Herstellungsverfahren sind sehr sicher. Man sollte den Respekt nicht verlieren.

Hyperimmunglobuline

Hyperimmunglobuline sind Blutseren, die Frauen injiziert werden, die Kontakt mit bestimmten Infektionen hatten. Hat zum Beispiel eine Schwangere, die ohne Rötelnschutz ist, Kontakt mit einem an Röteln erkrankten Kind, muss ihr so schnell wie möglich Hyperimmunglobulin gespritzt werden, um eine Infektion bei ihr zu vermeiden. Das Ungeborene würde im Falle einer Infektion der Mutter mit Missbildungen und Behinderungen zur Welt kommen.

Die Notwendigkeit ergibt sich aus der Diagnose.

Der Teufel steckt hier im Detail. Bevor der Arzt das Hyperimmunglobulin verabreicht, sollte er durch persönlichen Einsatz, durch Telefonate und Absprachen mit dem Arzt des erkrankten Kindes abklären, ob es sich wirklich um Röteln handelt oder ob „blinder Alarm“ besteht.

Anti D

Anti D ist ein Blutserum, das ebenfalls bei der Verarbeitung virusaktiviert wird. Es soll verhindern, dass rhesus-negative Frauen durch ein rhesus-positives Ungeborenes sensibilisiert werden. Denn geschieht dies in einer Schwangerschaft oder durch eine falsche Bluttransfusion, so kann in der folgenden Schwangerschaft das Ungeborene durch Blutunverträglich-

Ein Segen für rhesus-negative Mütter

keit gefährdet werden. Es kann möglich sein, dass das Blut des Kindes noch im Mutterleib ausgetauscht werden muss. Zudem ist die Gesundheit des Kindes stark gefährdet. Es gibt keinen Zweifel, dass der Mutter und dem Kind durch die Anti-D-Gabe viel Leid erspart werden kann. Man spritzt deshalb in der 26. Schwangerschaftswoche Anti D zur Prophylaxe. Nach der Geburt erhält die Frau erneut Anti D, wenn das Kind rhesus-positiv ist. Mit diesem Vorgehen haben sich Probleme durch Blutunverträglichkeit auf ein Minimum reduziert.

Die Geburt

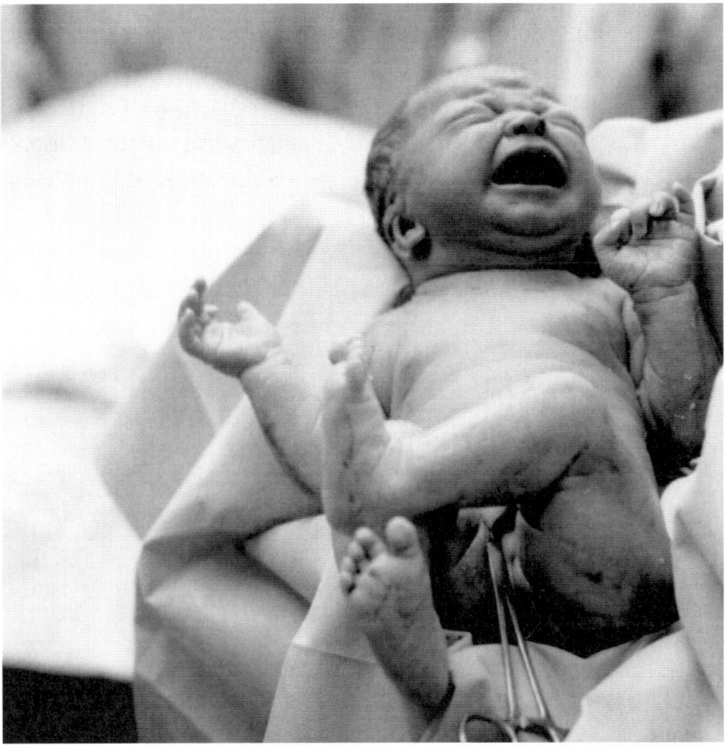

Es ist gut, wenn Sie miterleben, welche Schwerarbeit Ihre Partnerin während der Geburt leistet. Sie werden danach Ihr Kind umso freudiger willkommen heißen und besser verstehen, dass auch die Erholung viel Zeit erfordert.

Versuche einer Beschreibung

Bereits die Schwangerschaft ist durch individuelle Ausprägung so variantenreich, dass eine allgemeingültige Beschreibung des Erlebens kaum möglich ist. Das Erlebnis einer Geburt zu beschreiben ist ungleich schwerer, da die Abläufe schnell sind und ihre Beeinflussbarkeit stark eingeschränkt ist. Die Geburtssituation gleicht einer Fahrt mit der Achterbahn. Wenn man sich einmal reinsetzt und die Fahrt beginnt, gibt es kein Entweichen mehr. Man kann nur durch Ausgleichbewegungen und mit der richtigen Atmung auf die beängstigenden Augenblicke während der Fahrt reagieren.

Ich will nun einmal versuchen, eine Geburt aus verschiedenen Blickwinkeln zu beschreiben.

Versuch Nr. 1: Nur 10 cm Weg

Eigentlich recht einfach ...

Fragen wir uns zunächst einmal, was denn bei der Geburt eines Kindes geschehen muss. Letztendlich muss der Kopf des Kindes 10 cm tiefer treten, um nach draußen zu gelangen. Der übrige Körper wie Schultern, Arme, Rumpf und Beine folgen bekannterweise in Sekundenschnelle und ohne Schwierigkeiten.

Bedenken wir noch einmal, wie gewaltig die Vorgänge während der Schwangerschaft sind. In 267 Tagen wächst ein ca. 3250 g schweres und etwa 50 cm großes Kind heran. 267 Tage umschließt und schützt die Gebärmutter das Kind und hält es zurück, um es dann in acht Stunden zu gebären. Letztlich doch eine relativ kurze Zeit. Und alle von der Natur gewollten Vorgänge, die Geburt zu verzögern, sind notwendig, damit das Kind das Gewebe und die Organe der Frau bei der Geburt nicht verletzt.

Scheint doch etwas komplizierter ...

Die 10 cm, die zu überwinden sind, werden Geburtsweg genannt. Er beginnt mit dem Beckeneingang, der queroval ist, und endet mit dem Beckenausgang, der längsoval ist. Bei der Geburt kann das Kind somit nicht einfach 10 cm tiefer rutschen, es muss am Anfang der Geburt den Kopf zur Seite drehen, um sich dem querovalen Becken anzugleichen. Im Verlauf der Geburt dreht sich der Kopf, sodass das Gesicht nach hinten gerichtet ist. Was in der Schwangerschaft einen Schutz vor einer Frühgeburt darstellte, verzögert nun die allzu schnelle Geburt. Der Damm und die Beckenbodenmuskeln steuern ebenfalls gegen den Geburtsdrang der Gebärmutter an.

Zusammenarbeit der Organe

Verschaffen wir uns eine Übersicht.

Bleiben wir noch einen Moment bei der mechanistischen Geburtsbeschreibung. Wie arbeiten Gebärmutter (Uterus), Gebärmutterhals (Zervix), Beckenform, Beckenmuskulatur und Damm zusammen?

In der Schwangerschaft wird die Beckenöffnung durch den unteren Teil der Gebärmutter verschlossen. Die zunächst für das Kind noch verschlossene Pforte ist der Muttermund, der durch seine muskulären Lippen, den Gebärmutterhals, gesichert ist.

Ein ganz schön komplexer Vorgang

Die Geburtswehen beginnen, das heißt die Gebärmutter zieht sich zusammen. Der Gebärmutterhals, der normalerweise 3 cm in die Scheide hineinragt, wird immer kürzer. Eine Verkürzung des Gebärmutterhalses kann auch schon vor der Geburt erfolgen. Bald ist der Gebärmutterhals nicht mehr zu ertasten, und der Muttermund beginnt sich zu öffnen. Schon jetzt wird der kindliche Kopf durch das Zusammenziehen der Gebärmutter in den querovalen Beckeneingang gezwungen und sinkt zur Beckenmitte. Der Muttermund öffnet sich allmählich immer mehr, bis seine Weite etwa 10 cm beträgt. Damit hat die Gebärmutter die Beckenöffnung völlig freigegeben.

Der Kopf des Kindes wird jetzt durch den längsovalen Beckenausgang in seine abschließende gerade Richtung gedrängt. Die Frau kann jetzt mitpressen. Mit jeder Wehe dehnt der Kopf die Beckenbodenmuskulatur und den Damm, damit das Kind ohne Verletzung der mütterlichen Muskeln und Haut geboren werden kann.

Sicherlich, dies war jetzt alles sehr mechanistisch beschrieben. Also auf zum nächsten Versuch.

Versuch Nr. 2: Die fünf Phasen der Geburt

Wenn man die Geburt vom Geburtsfortschritt her betrachtet, reicht es, sie in drei Perioden einzuteilen. Das ergibt die folgende Gliederung:

- Eröffnungsperiode
- Austreibungsperiode
- Pressperiode.

Fünf Phasen führen zum Ziel.

Diese Einteilung ist aber für unsere Zwecke nicht sonderlich geeignet, da sie keine Rücksicht auf die sich wandelnden Empfindungen der Betroffenen nimmt. Auf das Wort Austreibungsperiode will ich wegen seines unnötig Furcht erregenden Beigeschmacks verzichten. Mit den folgenden fünf Phasen finden sowohl Geburtsfortschritt als auch die seelischen und körperlichen Wandlungen Berücksichtigung:

- Vorphase
- Frühe Eröffnungsphase
- Späte Eröffnungsphase
- Übergangsphase
- Pressphase.

Wann beginnt eigentlich eine Geburt?

Los geht's!

Medizinisch spricht man vom Geburtsbeginn, wenn sich unter regelmäßiger Wehentätigkeit der Gebärmutterhals eröffnet. Wenn Sie eine Mutter fragen, wann die Geburt beginnt, wird sie den Zeitpunkt angeben, ab dem sie die regelmäßigen Wehen als belastend empfunden hat. Sie wird zunächst die Eröffnung des Muttermundes gar nicht wahrnehmen. Am leichtesten kann sie es am Abgang des teilweise etwas blutigen Schleimpfropfs bemerken.

Die Vorphase

Die Vorphase ist die Phase heftiger Wehen ohne Effekt am Gebärmutterhals.

Wenn scheinbar noch gar nichts geschieht …

Dauer: Unbestimmte Zeit. Sie kann, mit Unterbrechungen, Stunden bis Tage andauern.

Definition: Heftige Wehen, unregelmäßig oder regelmäßig, aber ohne dass sich der Muttermund öffnet. Diese Phase kann auch übersprungen werden.

Empfindung: Geprägt durch die Unsicherheit, wann die Muttermunderöffnung beginnt. Im Einzelfall kann diese Phase sehr anstrengend werden, denn trotz heftiger Wehen kommt die Geburt nicht voran.

Abhilfe: Warme Bäder, entspannende Maßnahmen. Möglichst in gewohnter, alltäglicher Umgebung erleben. Im Krankenhaus wird die Situation durch das Wahrnehmen anderer Geburten verschlimmert, deshalb möglichst zu Hause abwarten.

Die frühe Eröffnungsphase

In der frühen Eröffnungsphase beginnt der Muttermund sich zu weiten.

Die Arbeit beginnt.

Dauer: Ca. sechs Stunden.

Definition: Vom Beginn der Muttermunderöffnung bis zu einer Muttermundweite von ungefähr 7 cm. Der kindliche Kopf senkt sich in die Mitte des mütterlichen Beckens.

Empfindung: Die Wehen sind meist gut zu veratmen. Die Wehenpausen werden teilweise noch mit Gesprächen über Alltägliches verbracht. Die Wehenarbeit ist allerdings hart, aber die Frau behält die Kontrolle.

Kreißsaal: Wenn der Muttermund 2 bis 3 cm weit ist, wird man der Frau empfehlen, im Kreißsaal zu bleiben. Meist wird der Frau ein Bad angeboten.

Die späte Eröffnungsphase

Hier streiken mitunter die Nerven.

In der späten Eröffnungsphase weitet sich der Muttermund, bis er vollständig eröffnet ist.

Dauer: Ca. zwei Stunden.

Definition: Der Muttermund weitet sich von 8 auf 10 cm. Zehn cm bedeutet, dass er nun vollständig geöffnet ist. In dieser Zeit kommt es häufig zum Blasensprung. Das Kind senkt sich fast auf den tiefsten Beckenpunkt ab.

Empfindung: Dies ist die für die Frau härteste Phase, die Wehen kommen öfter und sind heftiger. Durch das Tiefer-Treten des Kindes werden jetzt besonders empfindliche Regionen belastet. Relativ plötzlich schlagen Empfindungen um. Massagen des Rückens, die bisher guttaten, können nun als unangenehm empfunden werden. Dies führt bei den Männern nicht selten zu Unverständnis. In dieser Phase kann die Frau zeitweise die Kontrolle über sich und über die Geburt verlieren.

Die Übergangsphase

In der Übergangsphase ist der Muttermund eröffnet, und der Kopf des Kindes senkt sich auf den Beckenboden.

Es wird ernst.

Dauer: Ca. eine Stunde.

Definition: Der Muttermund ist nun vollständig eröffnet. Der Kopf senkt sich auf den Beckenboden. Nur Beckenboden und Damm stehen dem Kind noch entgegen.

Empfindung: Die Frau findet jetzt den „roten Faden“ der Geburt wieder. Sie kann sich nun meist wieder gut kontrollieren. Sie verspürt mehr und mehr einen Pressdrang, dem sie zunächst nicht nachgeben darf, da sonst die Beckenbodenmuskeln verletzt werden.

Kreißsaal: Die Frau wird aufgefordert, den Pressdrang zu veratmen.

Die Pressphase

In der Pressphase wird nun das Kind Wehe für Wehe geboren.

Jetzt geschieht, was man landläufig „gebären“ nennt.

Dauer: Ca. eine halbe Stunde.

Definition: Das Kind dehnt Wehe für Wehe die Beckenbodenmuskeln und den Damm, um dann geboren zu werden. Der Mutterkuchen wird ebenfalls unter Mitpressen geboren.

Empfindung: Das Mitpressen ist anstrengend, wird aber in der positiven Erwartung des Kindes, dessen Kopf jetzt gesehen und gefühlt werden kann, in guter Stimmung erlebt. Der Rest der Geburt ist „unbeschreiblich“.
Die Nachgeburt wird meist als lästige Notwendigkeit empfunden.

Empfindungen in Tabellenform? Das kann nicht der Abschluss der Beschreibung eines Geburtsverlaufs sein. Also auf zum nächsten Versuch.

Versuch Nr. 3: Ein Achtstunden- Arbeitstag

Fred und Sandra: die Story

Wenn ein „frisch gebackener" Vater in den noch laufenden Geburtsvorbereitungskurs für Männer kommt, steht das Programm des Kurstages fest. Aber was kann auch authentischer sein als sein Bericht?

Also lassen wir einmal einen Mann berichten, wie er die Geburt seines Kindes erlebt hat, wie er versuchte, seiner Frau Sandra zu helfen.

Ein Achtstunden-Arbeitstag

Die Vorphase

Fred hatte mit seinem Chef ausgemacht, dass er zu jeder Zeit nach Hause gehen kann, wenn die Geburt beginnt. Sandra hatte in den letzten Tagen immer wieder heftigere Wehen gespürt, aber das legte sich auch schnell wieder. Fred meinte einmal: „Diese Ungewissheit, keiner weiß Bescheid, der Gynäkologe hat keine Ahnung, wann's losgeht, und der Hebamme fällt auch nichts Besseres ein als zu sagen: Geduld, Geduld, Geduld. Ich glaube, ich habe inzwischen sämtliche Bleistifte zerkaut, so nervös bin ich."

Fred kam gerade von der Frühbesprechung, als das Telefon klingelte: „Ich glaub, es ist so weit. Die Wehen kommen alle acht Minuten."

„Ich bin sofort losgerast. Ich glaube, ich habe sogar vergessen, im Sekretariat Bescheid zu sagen."

Fehlalarm

Fred fuhr nach Hause. Sandra hatte mittlerweile die Hebamme angerufen. Sie konnte aber nicht kommen und bat, im Kreißsaal nachschauen zu lassen. Es öffnete ihnen eine Hebamme, die Sandra und Fred im Geburtsvorbereitungskurs kennengelernt hatten.

„Zwischen zwei Wehen haben wir uns noch gestritten, ob die Hebamme den Kurstag Ernährung in der Schwangerschaft oder das Stillen geleitet hatte." Die Hebamme bat Sandra, sich auf eine Liege zu legen, und tastete während einer Wehe Sandras Bauch ab. „Die Wehen sind aber ganz schön kräftig. Ich schaue jetzt einmal nach Ihrem Muttermund."

Die Hebamme zog sich Handschuhe an und untersuchte Sandra über die Scheide.

„Der Muttermund ist noch geschlossen, und der Gebärmutterhals ist noch zwei cm erhalten."

Sandra und Fred schauten sich enttäuscht an.

„Das ist ja wie bei der Untersuchung vor zwei Wochen beim Frauenarzt", meinte Sandra. „Kommt, wir schreiben noch ein CTG, und dann reden wir noch einmal miteinander."

Fred ließ sich in den Stuhl neben dem CTG sinken. Sie hörten den Herztönen ihres Kindes zu.

„Wir wurden innerlich ganz ruhig. Ich nahm zum erstenmal so richtig Sandras Wehen wahr."

„Kann ich was für dich tun?"

„Ja, du kannst meinen Rücken massieren."

Fred beugte sich über die Liege und streichelte Sandras Rücken.

„Ein bisschen stärker", sagte Sandra und fing an zu weinen. Die Hebamme kam herein und nahm ihr die CTG-Gurte ab.

„Also jetzt fahrt nach Hause, und du setzt dich in die Badewanne", sagte sie und nahm Sandra in den Arm. „Wenn es richtige Wehen sind, geht es weiter, ansonsten hören sie auf."

Endlich wird es ernst

Die frühe Eröffnungsphase

Sie hörten auf. Zwei Wochen später, 16.45 Uhr: Fred sitzt in seinem Büro und kaut am Bleistift. Es ist kurz vor Feierabend, das Telefon klingelt.

„Ich bin's, Sandra. Komm schnell, ich krümme mich vor Schmerzen."

Auch wenn der errechnete Termin schon drei Tage zurücklag, gerade jetzt hätte Fred nicht mit dem Geburtsbeginn gerechnet.

Er konnte gerade noch die unpassende Frage, ob es nicht schon wieder blinder Alarm sei, hinunterschlucken.

„Ich glaube, der Schleimpfropf ist abgegangen“, sagte Sandra. „Es blutet auch etwas.“

„Es blutet?! Ich komme sofort.“ Er raste los.

Später sagte Fred: „Ich bin gefahren wie ein Verrückter. Gott sei Dank ist nichts passiert. Die Raserei war aber allemal sinnlos.“

Als er zu Hause ankam, war die Hebamme schon da und strahlte: „Jetzt ist es so weit. Der Muttermund ist drei cm geöffnet. Packt eure Sachen, wir treffen uns in einer Stunde im Kreißsaal.“

Die werdenden Eltern nehmen ihre Arbeit auf.

Sandra und Fred fielen sich in die Arme. Endlich! Plötzlich stieß sie ihn zurück. „Eine Wehe!“

Sandra wurde still. Sie atmete tief und laut. Immer intensiver. Fred zappelte etwas herum, aber er merkte, dass er nichts sagen durfte. Es herrschte eine merkwürdige, aber angenehme Stille. Die Wehe ließ nach. Sandra atmete tief durch und lachte: „Das tut ganz schön weh. Komm, massiere mir den Rücken.“

„Sollten wir nicht lieber losfahren? Die Hebamme ist schon weg.“

„Nein, wir bleiben noch einen Moment.“

„Hoffentlich kommen wir dann nicht zu spät.“ Fred war nervös.

„Nein, beruhige dich, wir kommen nicht zu spät.“

Sandra setzte sich und hielt ihren Bauch. Schon wieder eine Wehe. Fred war bereits etwas mutiger geworden und streichelte Sandras Bauch. Sie wies ihn resolut zurück: „Halte mir lieber den Rücken.“

In einer Wehenpause lief Fred in sein Zimmer, er zog sich eine dünne Stoffhose und ein leichtes Hemd mit halbem Arm an, er wusste, dass es im Kreißsaal warm werden würde.

„Ich bin fertig“, sagte Fred. Sandra reagierte gereizt: „Nun reiß dich bitte zusammen und sei ruhig, wir haben noch genug Zeit.“

Die nächste Wehe fand Fred schon nicht mehr so beängstigend, er wusste, dass sie nach einer gewissen Zeit ja wieder abebbte und er dann wieder ganz normal mit Sandra reden konnte.

„Ja, so lernt man dazu“, berichtete Fred, „aber die Wehen wurden doch immer intensiver, und ich war froh, als wir endlich im Auto saßen. Auch wenn wir nur 45 Minuten allein waren, ich hatte schreckliche Angst, dass das Kind in dieser Zeit kommen könnte.“

Als die beiden den Kreißsaal erreichten, war Freds leichtes Hemd durchgeschwitzt. „Endlich in Sicherheit!“, seufzte Fred.

Im Kreißsaal

Die späte Eröffnungsphase

Die Hebamme nahm die beiden in Empfang: „Ich kontrolliere zuerst den Muttermund.“ Der Muttermund war jetzt 5 cm offen. Nachdem ein Einlauf durchgeführt war, konnte Sandra ein Bad nehmen. „Ist das entspannend!“ Das Badewasser duftete nach Rosmarin. Außerdem war das Badezimmer nach hinten, zum Garten gelegen. Es war angenehm still. Sandra konnte die Wehen im Wasser gut veratmen. Sie atmete ruhiger. „Wenn die Wehen nicht wären, würde ich mich fühlen wie auf einer Südseeinsel.“ Fred massierte Sandra immer wieder den Rücken.

Nach einer Stunde musste Sandra aus der Badewanne, und es wurde ein CTG geschrieben.

„Das CTG ist gut“, sagte die Hebamme. „Wenn du willst, kannst du dich etwas hinlegen.“

„Ich würde lieber noch herumlaufen.“

„Können wir nicht draußen herumlaufen?“ fragte Fred.

„Sicher, wenn ihr wollt, aber in einer Stunde müssen wir wieder ein CTG schreiben. Sandra, wenn du plötzlich Druck auf den Darm verspürst, wie beim Stuhlgang, dann kommt sofort zurück in den Kreißsaal!" Fred und Sandra zogen ihre Jacken an und gingen los.

Die werdenden Eltern bei der Arbeit

Vorschläge des Vaters helfen weiter.

Bei den Wehen ging Sandra manchmal in die Hocke und ließ sich von Fred stützen. An den Gartenbänken beugte sie sich nach vorn, und Fred massierte ihren Rücken. „Es wird doch immer stärker. Ich glaube, ich möchte zurück." „Und dann?" „Ich weiß auch nicht." „Möchtest du dich hinlegen? Möchtest du wieder in die Badewanne?" „Ja! Eine gute Idee!" „Also gehen wir." „Nein, warte. Eine Wehe. Halt mich fest!" Fred umfasste Sandra von hinten und verschränkte seine Arme unter ihrer Brust, sodass sie sich in die Hocke fallen lassen konnte. Die Atmung wurde heftiger. Fred zählte beim Einatmen mit, wie sie es beim Vorbereitungskurs gelernt hatten. Zum Wehenhöhepunkt muss intensiver und länger eingeatmet werden.

„Einatmen: 1–2–3–4. Und ausatmen.
Einatmen: 1–2–3–4–5. Und ausatmen.
Einatmen: 1–2–3–4–5–6. Und ausatmen.
Einatmen: 1–2–3–4–5–6–7. Und ausatmen."

Vor dem nächsten Einatmen schrie Sandra kräftig und erlösend.
„Einatmen: 1–2–3–4–5–6–7. Und ausatmen."

Die Wehe schien nachzulassen.
„Einatmen: 1–2–3–4–5. Und ausatmen.
Einatmen: 1–2–3–4. Und ausatmen.
Einatmen: 1–2–3. Und ausatmen."

Sandra seufzte, hob den Kopf wieder hoch und lächelte Fred zu. „Nicht schlecht. Du bist ein Naturtalent“, lobte Fred, „du atmest wie im Lehrbuch. Ich habe mitgezählt.“ Sandra nahm seinen Arm, und sie gingen in den Kreißsaal zurück. Noch zweimal wurden sie unterwegs durch eine Wehe aufgehalten. Ansonsten stritten sie noch kurz über den Namen des Babys, bevor Sandra nach einem weiteren CTG erneut in die Badewanne sank. Der Muttermund war jetzt gut 6 cm offen. Es war mittlerweile 21 Uhr. Fred wurde ein Abendessen gebracht. Sandra sollte und wollte nichts essen. Während Fred mit der einen Hand sein Brot aß, massierte er mit der anderen Sandras Rücken.

Für viele Frauen die schwierigste Phase

Die Übergangsphase

Das Bad brachte anfangs Erleichterung, aber langsam wurden die Wehen unerträglich. Sandra wollte aus der Badewanne heraus. Die Hebamme untersuchte sie ein weiteres Mal.

„Der Muttermund ist jetzt sieben cm geöffnet. Jetzt wird es anstrengend. Wenn sich die Gebärmutter ganz zurückgezogen hat, geht es dir wieder besser.“

„Wie lange wird das dauern?“

„Vielleicht eine Stunde. Der Muttermund muss völlig eröffnet sein.“ In den Wehenpausen wurde nun nicht mehr gelacht. Sandra war völlig erschöpft. „Ich kann nicht mehr!“ Fred massierte wieder Sandras Rücken. „Jetzt hör doch endlich damit auf!“, schrie Sandra ihn an. Fred wurde blass. Da hatte er sich nun sieben Stunden lang die Hände fast wund massiert, um sich jetzt anschreien zu lassen, endlich damit aufzuhören.

Seine Verwirrung war unübersehbar, die Hebamme erklärte: „Der Kopf ist schon in die Beckenmitte gerutscht und belastet nun völlig andere Nerven. Dadurch können Körperregionen plötzlich sehr empfindlich werden. Versuch jetzt einmal, deine Hand auf Sandras Unterbauch zu legen und leicht zu streicheln. Aber Vorsicht, auch das kann unangenehm sein.“ Fred verspürte auf einmal Rückenschmerzen. Er hatte keine Zeit, an sein eigenes Leiden zu denken, denn jetzt kam es zum Blasensprung. Die Wehen wurden noch heftiger. Die Hebamme redete Sandra gut zu: „Komm, der Muttermund geht gut auf. Er ist schon 9 cm.“ Fred merkte, wie konzentriert die Hebamme war. Er zog sich ein wenig zurück.

„Ich möchte mich auf den Boden legen“, sagte Sandra. Die Hebamme bat Fred, aus dem Nebenraum eine große Gymnastikmatte zu holen. Sandra wälzte sich auf der Matte hin und her. „Das ist gut. So kann ich es aushalten. Aber es ist ganz schön schwer.“ Machmal kniete sie sich hin und legte den Kopf auf Freds Schulter. Die Hebamme atmete mit ihr und munterte sie auf. „Nur noch ein cm, und der Muttermund ist offen.“

Die Mutter spürt, wie es vorangeht.

„Schau doch noch einmal nach dem Muttermund“, bat Sandra in einer Wehenpause. „Gut, da ist nur noch ein ganz kleiner Saum, du hast es gleich geschafft.“ Sandra lächelte etwas ungläubig und legte den Kopf auf Freds Schoß. Nach drei weiteren Wehen bemerkte Sandra eine Veränderung. „Ich habe das Gefühl, mitpressen zu müssen. Kann das sein?“

„Ja, der Muttermund ist sicherlich vollständig eröffnet. Aber presse bitte noch nicht mit.“

„Ich muss aber mitpressen.“

„Na, dann drücke gerade so viel, dass der Drang erträglich ist. Willst du dich auf die Liege legen?“

„Nein, die ist mir zu schmal.“

„Na, dann bleibe auf deiner Matte liegen.“

Die Wehenpausen wurden kürzer und der Pressdrang immer stärker. Die Hebamme redete mit Engelszungen auf Sandra ein, nicht zu fest mitzupressen. „Wie lange soll denn das noch dauern?“, klagte Sandra. „Vielleicht noch eine Viertelstunde. Ich schau noch einmal nach. Gut, der Kopf ist fast gerade. Er ist schon sehr tief. Wir werden ihn bald sehen können.“

Das letzte Stadium

Nach einer Viertelstunde war der Kopf aber noch nicht tiefer getreten. „Hm, jetzt brauchst du aber Bewegung. Komm hoch, wir tanzen jetzt ein wenig.“ Sandra verlagerte ihr Gewicht abwechselnd auf das linke und das rechte Bein. „Soll ich den Gymnastikball reinholen?“, fragte Fred die Hebamme. „Das ist eine gute Idee. Auf dem Ball wird dein Becken in alle Richtungen bewegt, dadurch schiebst du das Becken über den Kopf des Babys. Wie einen engen Ring, den man über das Mittelgelenk des Ringfingers hebeln muss.“

Fred brachte den Gymnastikball, und Sandra setzte sich darauf. Fred stellte sich hinter sie und hielt sie fest. Während der Wehen hatte er Schwierigkeiten, den Bewegungen zu folgen, und beide kamen manchmal ins Schwanken. Die Hebamme leitete weiter die Atemarbeit und half Fred teilweise, Sandra mit zu stützen. Die Arbeit hatte sich gelohnt, nach 20 Minuten bemerkte Sandra, dass der Kopf auf den Darm drückte.

Die Pressphase

„So, jetzt kannst du mitpressen. Am besten legst du dich auf die Liege, und Fred setzt sich hinter dich. So kann er dich stützen, und du liegst nicht auf dem Rücken. Dann kannst du alles sehen, was um dich herum passiert.“

Es ist schon zu sehen

In den Wehenpausen konnte sich Sandra wieder besser erholen. Sie legte den Kopf zurück auf Freds Schultern. Bei den Wehen half Fred ihr, die Beine an sich zu ziehen. „Du musst beim Pressen die Augen schließen, sonst platzen die Augenadern“, sagte die Hebamme. Und bei jeder Wehe wurde Sandra angefeuert: „Drücken, drücken, drücken! Und noch mal drücken! Komm, du kannst noch einmal! Während der Wehe kann man schon den Kopf sehen.“

„Lasst mich, da kommt schon wieder eine Wehe.“ Fred beugte sich bei der Wehe weit vor. Und tatsächlich, er konnte ein paar Haare sehen. „Es hat pechschwarze Haare. Komm, press weiter!“, rief er. Fred war enthusiastisch, er presste so stark mit, dass er Sandra weh tat. „Oh, entschuldige, aber ich kann es schon sehen.“ Weiter und weiter schob sich der Kopf vor.

Anwesenheit des Arztes

Mittlerweile hatte sich der Dienst habende Arzt unbemerkt in den Kreißsaal geschlichen und sich neben Fred gestellt. „Na, alles in Ordnung?“ zwinkerte er Fred zu. „Ja!“ Fred war erregt. „Noch zwei, drei Wehen, dann ist es da.“ Auch die Hebamme war von einer gewissen Spannung erfüllt. Der Dienst habende Arzt schien einen langen Tag hinter sich gehabt zu haben, er hatte es sich auf einem Hocker in einer Ecke bequem gemacht und nickte immer wieder ein. „Warte, warte!“, rief die Hebamme. „Du musst noch zwei Wehen verhecheln, dann kann es kommen.“ Während der Wehe hielt die Hebamme den Kopf des Kindes mit viel Kraft zurück: „Sonst reißt der Damm.“ Dann hielt sie den Damm mit der rechten Hand fest und ließ den Kopf langsam durchtreten. Mit beiden Händen umfasste sie den Kopf und führte ihn nach unten, sodass eine Schulter geboren wurde. Jetzt folgte die zweite Schulter, und Eva Marie war geboren. „Ein Mädchen!“ Sandra und Fred brachen zusammen, sie weinten. Die Hebamme schob Sandras Hemd hoch und legte ihr Eva Marie auf die Brust. Fred wusste nicht wohin mit seinen Händen, er ergriff den Arzt, der aufgestanden war, drückte ihn an sich und gab ihm einen Kuss auf die Wange, dann umarmte er Sandra und streichelte ganz zart Eva Marie.

Das tiefe Empfinden bei der Geburt bleibt unbeschreiblich

Reden ist Silber, Schweigen ist Gold.

Belassen wir es dabei. Natürlich geht die Geschichte weiter. Natürlich wird Fred das Kind noch baden, natürlich wird Sandra noch den Mutterkuchen gebären müssen. Natürlich ist alles idealistisch dargestellt. Es war auch nur ein Versuch, eine Geburt in ihrer Gewaltigkeit darzustellen. Das Erlebnis einer

Geburt wird nicht reproduzierbar, wird „unbeschreiblich“ bleiben. Es wird den Künsten vorbehalten bleiben, diesem tiefen Empfinden nahe zu kommen, aber die Realität bleibt unerreicht.

Der „rote Faden“ des Geburtsverlaufs

Um den Überblick über den Geburtsverlauf zu behalten, sollte der Mann sich an den Untersuchungen und Aussagen der Hebamme orientieren. Es ist unvermeidlich, dass er einige Vokabeln lernen muss, um die Aussagen der Hebamme verstehen zu können. Aber keine Sorge, es sind nicht viele, da die Weite des Muttermundes und die Höhe des kindlichen Kopfes im Becken den Stand der Geburt schon ausreichend beschreiben.

Die Vorphase

In der Vorphase der Geburt ist der Gebärmutterhals, Zervix genannt, unter Umständen noch teilweise erhalten. Ein typischer Untersuchungsbefund zu dieser Zeit lautet: „Zervix 1 bis 2 cm, weich, sakral, Muttermund für Finger einlegbar.“ Das bedeutet, dass der Gebärmutterhals noch 1 bis 2 cm lang ist, er ist weich, bietet also keinen harten Widerstand mehr, und er ist noch zum Kreuzbein (sakral) gerichtet. Wenn die Zervix geburtsreif ist, richtet sie sich nach vorne und ist leicht zu tasten, was als zentriert beschrieben wird. Der Untersuchungbefund würde dann heißen: „Zervix 1 cm, zentriert, weich, Muttermund gut für Finger passierbar.“ Selbst bei regelmäßigen Wehen hat die Geburt dann aber noch nicht begonnen.

Manchmal verläuft diese Phase unbemerkt

Die frühe Eröffnungsphase

Der Geburtsbeginn ist definiert als Eröffnung des Gebärmutterhalses bei regelmäßiger Wehentätigkeit. Ein entsprechender Befund würde lauten: „Zervix verstrichen, zentriert, Muttermund zwei bis drei cm, regelmäßige Kontraktionen, Abgang des Schleimpfropfs und Zeichnungsblutung.“

Der erste Teil spricht für sich. Regelmäßige Kontraktionen sind regelmäßige Wehen. Eine Zeichnungsblutung ist eine leichte Blutung, die zu Geburtsbeginn typisch ist, also nicht krankhaft oder pathologisch ist. Der nächste und meines Erachtens wichtigste Phasenwechsel einer Geburt kommt jetzt, wenn die Geburt von der frühen Eröffnungsphase in die späte Eröffnungphase übergeht. Dann heißt es: „Der Muttermund ist jetzt sieben cm eröffnet, der Kopf drückt in der Wehe gut nach unten."

Die späte Eröffnungsphase: die Phase der fließenden Übergänge

„Muttermund 7 cm" sollte für den Mann ein Signal sein, dass die wohl schwierigste Phase für die Frau beginnt. Ob diese Phase im Einzelfall erst bei acht cm Muttermund beginnt oder bei 6 cm bereits begonnen hat, unterliegt dem individuellen Geburtsverlauf beziehungsweise dem persönlichen Erleben der Frau. Jedenfalls braucht die Frau jetzt besondere Zuwendung, man muss ihr von außen Signale geben, wie die Geburt voranschreitet, wie sie atmen soll usw. Das Ende dieser Phase ist absehbar, wenn der Muttermund fast völlig eröffnet ist. Nach der Untersuchung könnte es heißen: „Muttermund bis auf Saum vollständig" oder „Muttermund fast 10 cm". Dabei muss man wissen, dass die vollständige Eröffnung des Muttermundes mit 10 cm gleichgesetzt wird. Im Einzelfall können es natürlich auch 9,5 oder 11 cm sein.

„Muttermund vollständig, Kopf in Beckenmitte", kündigt die Übergangsphase an, in der der Kopf noch auf den Beckenboden absinken muss, damit die Frau ihren Pressdrang nicht mehr unterdrücken muss. „Es ist noch zu früh zum Pressen, der Kopf kommt aber gut herunter", hört sich schrecklich an, soll aber den zügigen Verlauf der Phase beschreiben.

Die Pressphase

„Kopf auf Beckenboden" ist meist das Zeichen, dass die Frau nun mitpressen kann. Jetzt kann der Mann schon die Haare des Kindes sehen und erlebt direkt mit, wie sich der kindliche Kopf weiter und weiter nach draußen schiebt.

Noch einmal zusammengefasst

In der Vorphase:

Zervix ein bis zwei cm, weich, sakral, Muttermund für Finger einlegbar. Zervix ein cm, zentriert, weich, Muttermund gut für Finger passierbar.

In der frühen Eröffnungsphase:

Zervix verstrichen, zentriert, Muttermund 2 bis 3 cm, regelmäßige Kontraktionen, Abgang des Schleimpfropfs und Zeichnungsblutung. Muttermund 5 cm.

In der späten Eröffnungsphase:

Der Muttermund ist jetzt 7 cm, der Kopf drückt in der Wehe gut nach unten.

In der Übergangsphase:

Muttermund bis auf Saum vollständig, Muttermund fast 10 cm. Muttermund vollständig, Kopf in Beckenmitte. Kopf in Beckenmitte bis Beckenboden.

In der Pressphase:

Kopf auf Beckenboden.

Ungefähre Dauer der einzelnen Phasen

Die Angabe von Zeiten erscheint mir in der Regel nicht sehr sinnvoll zu sein, da der Geburtsverlauf individuell sehr unterschiedlich ist. Die folgende Zeittabelle soll daher nur der Orientierung dienen und Anhaltspunkte über den zeitlichen Verlauf der einzelnen Phasen geben.

Die Geburt ist ein sehr komplexes, individuelles Geschehen. Die Beschreibung gibt einen Anhalt.

Die Vorphase:	0 bis einige Stunden, selten 1 oder 2 Tage.
Die frühe Eröffnungsphase:	4 bis 6 Stunden.
Die späte Eröffnungsphase:	1 bis 2 Stunden.

Die Übergangsphase:	1 bis 2 Stunden.
Die Preßphase:	1/2 bis 1 Stunde.
Die Nachgeburtsphase:	1/2 bis 1 Stunde.

Im Zusammenhang mit unserem „roten Faden“ des Geburtsverlaufs bedeutet der Befund „regelmäßige Wehen, Muttermund zwei cm, weich, zentriert“, dass die Frau am Anfang der Geburt steht und dass sie noch gut acht bis zehn Stunden Geburtsarbeit vor sich hat. Bei Muttermund sieben cm wissen wir, dass sicherlich ein bis zwei Stunden härtester Anstrengungen bevorstehen. Wenn die Frau mitpressen kann, ist das Ende der Geburt abzusehen, sie dauert dann meistens noch etwa eine Stunde.

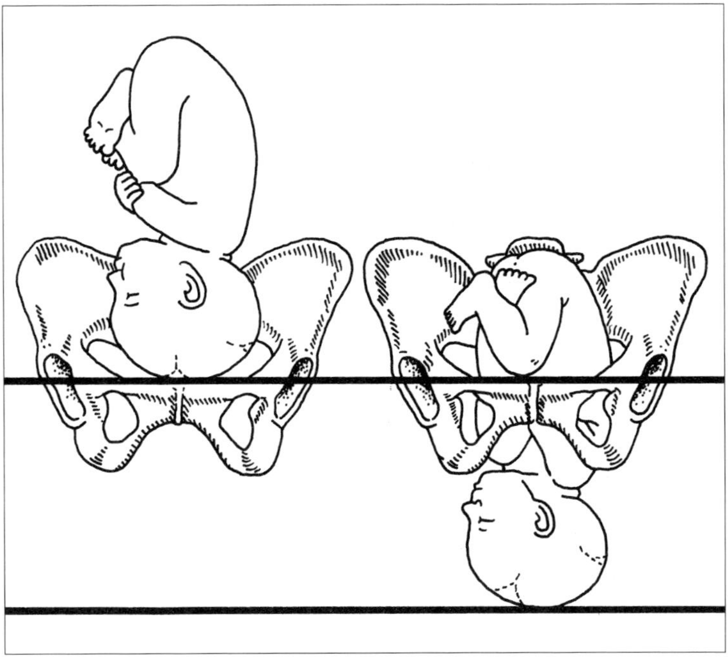

Der Kopf des Kindes muss 10 cm tiefer treten.

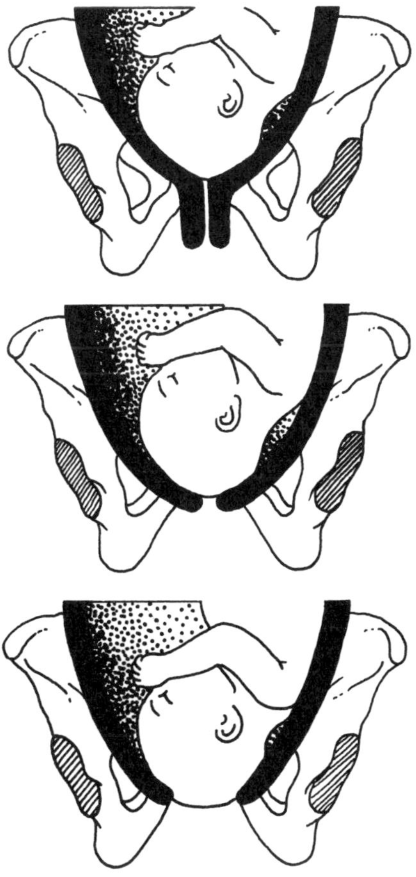

Der Muttermund öffnet sich
Während am Anfang der Gebärmutterhals noch zu erkennen ist, öffnet sich der Muttermund im Verlauf der Geburt vollständig. Der Muttermund verschließt das Becken jetzt nicht mehr.

Die Beckenebenen
Das Kind senkt sich vom Beckeneingang über die Beckenmitte zum Beckenboden. Dabei passiert es das Schambein der Mutter.

Der Mann als Geburtshelfer

Die Geburtskliniken kalkulieren die Väter mit ein.

Es hat viele Jahre gedauert, bis die Anwesenheit von Männern bei der Geburt ihres Kindes so selbstverständlich wurde wie heute. Mittlerweile könnte in vielen Kliniken der Kreißsaalbetrieb gar nicht mehr funktionieren, wenn es die Väter nicht gäbe.

Wenn es also heute in Kliniken als selbstverständlich gilt, dass Männer bei der Geburt ihres Kindes dabei sind, ist dies nicht nur bessere Einsicht. Denn bei der gegenwärtigen angespannten Kostensituation ist es in den Krankenhäusern nicht möglich, ständig Personal während der Geburt bereitzustellen.

Dem Mann wird hier auch eine Menge zugemutet. Er soll Vermittler von Problemen, Geburtshelfer, Psychologe und Stütze sein.

Aber aus welchem Grund auch immer die Tore zum Kreißsaal für Männer geöffnet wurden, es ist auf jeden Fall ein Gewinn für das Geburtserlebnis von Frau, Mann und Kind.

Wir reden hier nicht über eine Olympiade, wo „Dabeisein alles ist". Wir reden von persönlichen Bedürfnissen, von Chancen, von dem, „was gut tut" und von Grenzen, eben auch von Grenzen der Männer.

Was drängt Männer in den Kreißsaal?

Wenn man mit Männern redet, die den Kreißsaal nicht betreten durften, berichten sie von einem beklemmenden Gefühl der Ohnmacht und Unterdrückung. Eine beängstigende Ungewissheit, „was denn jetzt mit ihrer Frau passiert", erfasst sie. Es ist also zum Teil Kontrolle der Situation, wenn der Mann die Geburt miterleben möchte. Und dann ist da noch der Wunsch, helfen zu wollen und eines der Wunder des Lebens gemeinsam zu erleben.

Einfach da sein

Einfach, aber wichtig

Mit „da sein" ist sowohl die physische wie auch die psychische Anwesenheit gemeint. Was Anwesenheit bedeutet, kennt man vom Sport. Der Trainer eines Spitzensportlers darf während des Wettkampfs zwar keine Tipps geben, dennoch wird er beim Wettkampf dabeisein, weil er um seinen Einfluss auf den Sportler Bescheid weiß. Es hilft eben einfach, jemanden bei sich zu wissen, dem man vertraut. Das gibt Zuversicht und Stärke – auch in schwierigen Situationen.

Der Mann als Vermittler

Der Mann kann die Wünsche der Frau vermitteln.

Die Vermittlung zwischen Frau und Hebamme ist eine der wichtigsten Aufgaben des Mannes während der Geburt. Denn die Frau ist häufig auf Grund der schweren Geburtsarbeit nicht in der Lage, ihre Wünsche und Fragen zu artikulieren. Es fehlt ihr auch oft die Energie, manche Wünsche durchzusetzen. Das kann der Wunsch nach einem Glas Wasser, nach einem Bad, nach einer Rückenspritze (PDA, Periduralanästhesie) sein oder auch der Wunsch, ohne eine solche PDA auszukommen. Für die Hebamme ist es oft schwer einzuschätzen, ob eine Frau spezieller Hilfen bedarf oder nicht. So kann das Schreien während der Geburt eine Art der Wehenverarbeitung sein, es kann aber auch Zeichen einer völligen Überforderung sein.

Während die Frau durch die Wehenarbeit gebunden ist, hält der Vater den „roten Faden".

Hier kann der Mann nun helfen, die Situation zu klären und zu vermitteln. Genauso wird der Mann aber auch die Belange der Hebamme vermitteln können. Das mag die Wichtigkeit eines CTGs sein, die Notwendigkeit einer Untersuchung oder die Unumgänglichkeit einer medizinischen Maßnahme.

Das bedeutet natürlich nicht, dass die Frau bei der Geburt ein unselbstständiges Wesen wird, das ohne ihren Mann ungehört und ohne eigenen Willen durch die Geburt gleitet. Aber der Mann ist eine zusätzliche Stimme, ist ein Ausgleich für mögliche Lücken in der Kommunikation.

Fast jede Frau wendet sich zuerst an ihren Partner

Für die Frau stellen sich oft viele Fragen: Wie geht es dem Kind? Was macht der Muttermund? Geht die Geburt voran? Stört mein Schreien? Weshalb ist ein CTG veranlasst worden? Warum muss eine zusätzliche Untersuchung sein? Werden die Wehen so stark bleiben? Wird das Kind den Druck aushalten?

Hier kann der Mann immer wieder vermitteln und beruhigen, da er auch während der Wehe beobachten kann. So schließt er die Lücke, die bei der Frau während der Wehenarbeit entsteht. Das Schließen von Lücken heißt, der Frau den „roten Faden der Geburt" zurückzugeben. Dies gilt besonders für die späte Eröffnungsphase, in der die Frau die kurzen Wehenpausen kaum zur Orientierung nutzen kann. Da ist Unterstützung von außen unerlässlich: „Die Geburt geht gut voran. Du wirst es bald geschafft haben. Der Muttermund öffnet sich rasch. Dem Kind geht es gut. Die Hebamme hat gesagt, noch zwei, drei Wehen, bis der Muttermund ganz offen ist, dann wird es wieder leichter für dich."

Im Falle des Kaiserschnitts kann der Mann die Erlebnislücken der Frau schließen.

In dieser Phase geht es meist um die Verstärkung der Anweisungen durch die Hebamme, denn jetzt wird die Hebamme die Frau und den Mann nicht allein lassen. Auch später, wenn die Geburt lange vorbei ist, wird die Frau von den nicht bewusst erlebten Phasen der Geburt wissen wollen. Das gilt besonders im Falle eines Kaiserschnitts in Vollnarkose. Der Mann wird ihr von der Geburt ihres Kindes berichten können. Das große schwarze Erinnerungsloch muss also nicht sein.

Leider nutzen nicht alle Kliniken diese Möglichkeit, der Mutter ein Geburtserlebnis trotz einer Vollnarkose zu verschaffen. Das Klinikpersonal hat für solche Beobachtungen und Beschreibungen erfahrungsgemäß keine Zeit und ist natürlich persönlich längst nicht so engagiert wie der werdende Vater.

Der Mann als „Sekundant"

Es gibt viel zu tun …

Während der Geburt leistet die Frau Schwerstarbeit. Da ist jedes Umsorgen willkommen. Für alle, die fürchten, im Kreißsaal keine richtige Aufgabe zu haben, hier eine kleine Aufzählung möglicher Hilfeleistungen:

- Die Lippen befeuchten
- Die Lippen einfetten
- Die Stirn kühlen
- Das Kreuzbein massieren
- Schmerzpunkte streicheln
- Festhalten
- Umarmen
- Motivieren
- Anspornen
- Beschwichtigen
- Bestärken
- Mitatmen
- Halt geben
- Liebkosen.

Unterstützung bei der Geburtsarbeit

Die Ausstrahlung des Wehenschmerzes wird über Nervenbahnen in das Kreuzbein projiziert. Während der Schwangerschaft war das Kreuzbein ohnehin schon einer starken Belastung ausgesetzt, daher ist es nicht verwunderlich, dass das Kreuzbein während der Geburt einen wunden Punkt darstellt.

Massage

Die Massage des Kreuzbeins ist daher eine willkommene Erleichterung für die Frau. Diese Massage sollte sich aber nicht nur auf das Kreuzbein beschränken. Die Frau wird andere Stellen benennen, an denen eine Massage ebenfalls als angenehm und erleichternd empfunden wird.

Massage ist körperliche Nähe und Entspannung zugleich.

Die Wirbelsäule ist als Trägerin des Rückenmarks ein wichtiges Organ, das die Nervensignale von den inneren Organen empfängt. So repräsentiert das Kreuzbein die weiblichen Sexualorgane, Gebärmutter und Eierstöcke. Im Bereich der Lendenwirbelsäule findet man auch noch Einflüsse auf die Sexualorgane. Während der Geburt sollte auch versucht werden, diesen Bereich zu massieren. Die Grenzen setzt hier wieder die Frau, die angibt, was ihr gut tut und was nicht. Im Bereich der Brustwirbelsäule sind Areale, die die Atmung beeinflussen, und die Massage dieser Regionen wirkt beruhigend bei allgemein angespannten Nerven. Der Mann sollte diese Regionen immer wieder in die Massage des Kreuzbeins einbeziehen.

Unterstützung der Haltung

Herausfinden, was gut tut

Stütze geben klingt einfach, ist aber eine körperlich anstrengende Arbeit, auch für sportliche Männer. Der Grundgedanke der Stütze ist eine Erweiterung des Bewegungsspektrums der Frau und sollte ihr die Möglichkeit geben, angenehme Haltungspositionen herauszufinden. Wir sind hier also wieder bei einem Grundgedanken, nämlich: herausfinden, was in der Situation gut tut. Also einfach ausprobieren, was gut tut, und Belastungen zu bewältigen lernen. Auch wenn es sich hierbei um unübliche Methoden handeln sollte: Solange sie wohltuend sind, sollten sie angewandt werden. Hier einige mögliche Stützmöglichkeiten.

Wichtig ist auch die Stütze in der letzten Phase der Geburt, in der eine aufrechte Haltung häufig von großer Wichtigkeit ist. Wenn es im Kreißsaal keine Möglichkeit zur gewünschten Haltung gibt, kann der Mann sehr hilfreich sein. Er kann sich hinter die Frau setzen und sie nach ihrem Wunsch stützen. Ich möchte aber auch hier darauf hinweisen, dass es natürlich genauso möglich ist, dass eine Frau die aufrechte Haltung nicht als angenehm empfindet und die Wehen im Liegen besser verarbeiten kann.

Ideen entwickeln

Gute Ideen sind gefragt.

Während der Geburtsarbeit ist manchmal eine Idee von außen eine gute Lösung für eine festgefahrene Situation. Das Klinikpersonal ist häufig durch die Gewöhnung an die tägliche Routine außerstande, neue Ideen zu entwickeln. Außerdem beschränkt natürlich auch die angespannte Personalsituation in fast allen Kliniken den kreativen Umgang mit neuen, unüblichen Methoden. Der Mann sollte die Chance, neue Ideen zu entwickeln, nutzen. Die Angst, die Hebamme zu verärgern, wenn er sie bittet, vielleicht doch noch einmal ein Bad einlaufen zu lassen, ist sicherlich unbegründet. Er wird meist eine offene und bereitwillige Haltung vorfinden, denn allen bei der Geburt Beteiligten geht es doch darum, die Geburt so weit wie möglich zu erleichtern, die Schmerzen zu verringern und die Geburt voranzutreiben.

Das Klinikpersonal ist oft durch andere Arbeiten gebunden.

Die Bereitwilligkeit zur offenen Kommunikation des medizinischen Personals wird wohl eher davon abhängen, in welcher Form Sie Ihre Bitten und Vorschläge vorbringen. Wie so häufig im Leben! Natürlich haben freundlich vorgebrachte Vorschläge mehr Erfolg als bloße Forderungen. Meiner Erfahrung nach muss sich ein Mann schon sehr im Ton vergreifen, bevor er sinnvolles Handeln beim Klinikpersonal zu blockieren vermag. Nur Mut, Sie sind besser, als Sie denken! Und wenn eine Idee mal nicht so gut ist, wird man darüber reden können.

Positionswechsel

Bei der Geburt ist häufig ein Positionswechsel von Nutzen, wie:

- Liegen
- Stehen
- Sitzen
- Spazierengehen
- Baden
- In die Hocke gehen
- Vierfüßlerstand
- Beckenschaukel nach Zilgrei
- Beckentanz auf dem Gymnastikball
- Damm unterpolstern
- Blase entleeren.

Ein Beispiel von vielen

Denken wir über eine durchaus typische Situation nach: Bei der Geburt will der Muttermund bei einer Öffnung von 4 cm nicht mehr weiter aufgehen. Die Frau liegt auf dem Bett und veratmet die intensiv empfundenen Wehen. Hier sollte der Mann mit der Hebamme besprechen, ob er nicht ein wenig mit seiner Frau spazieren gehen sollte. Vielleicht ist der Frau aber ein Bad lieber. Man darf sich aber nicht wundern, wenn die Frau nach kurzer Zeit bemerkt, dass die neue Situation nicht mehr geeignet ist, ihre Wehen besser zu bewältigen. Dann sind Zuspruch und neue Ideen erforderlich. Natürlich ist es schwer, eine Frau, gerade wenn die Geburt in einer schleppenden Phase ist, zu motivieren, irgend etwas zu verändern. In der Geburtsvorbereitung wird jedoch immer darauf hingewiesen, wie wichtig es ist, die Lage nach Bedarf zu ändern. Der Mann kann sich also auf die Kursleiterin berufen oder die Vorschläge, die vonseiten der Hebamme gemacht werden, unterstützen.

Wenn keine breiten Kreißsaalbetten vorhanden sind, kann die Frau sich auch auf eine Gymnastikmatte auf den Boden legen. Viele können durch Hin-und-herWälzen die Wehen besser veratmen.

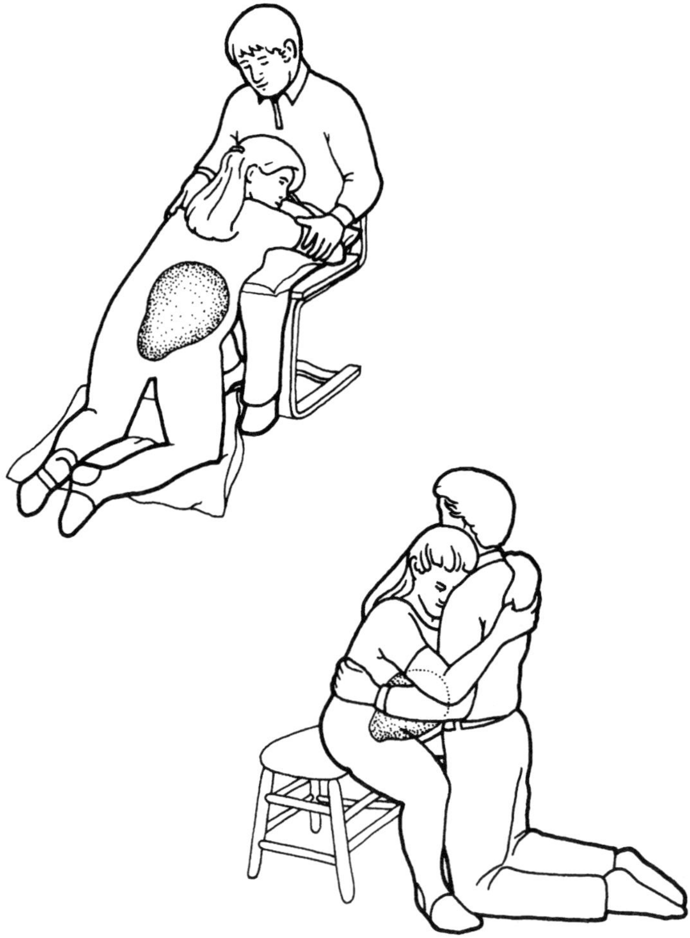

Verschiedene Haltungen
Der Mann kann die Frau bei verschiedenen Haltungen unterstützen.

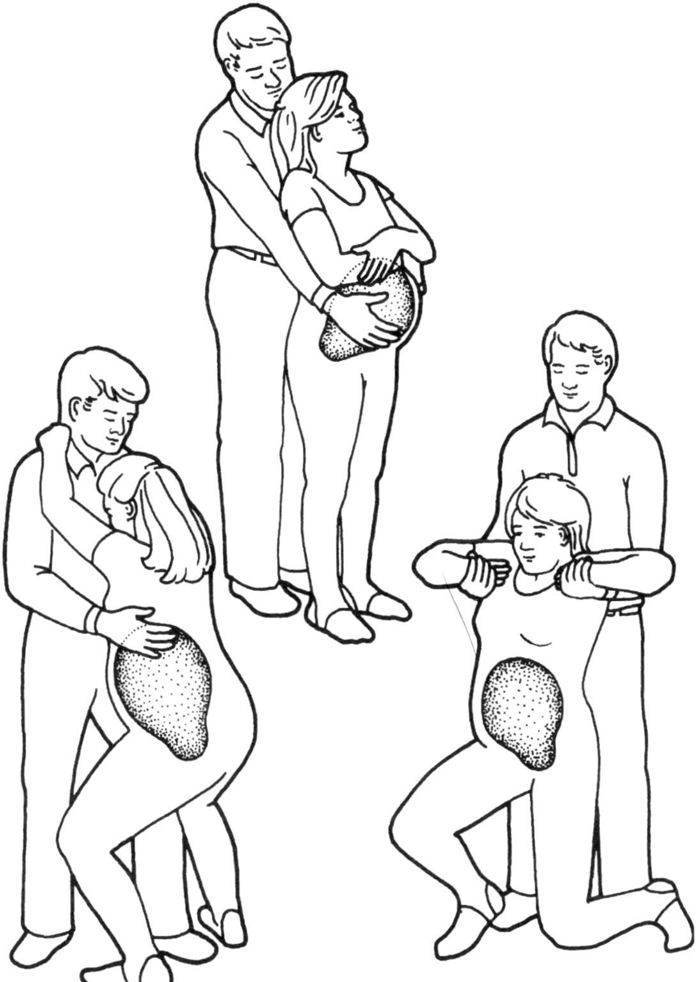

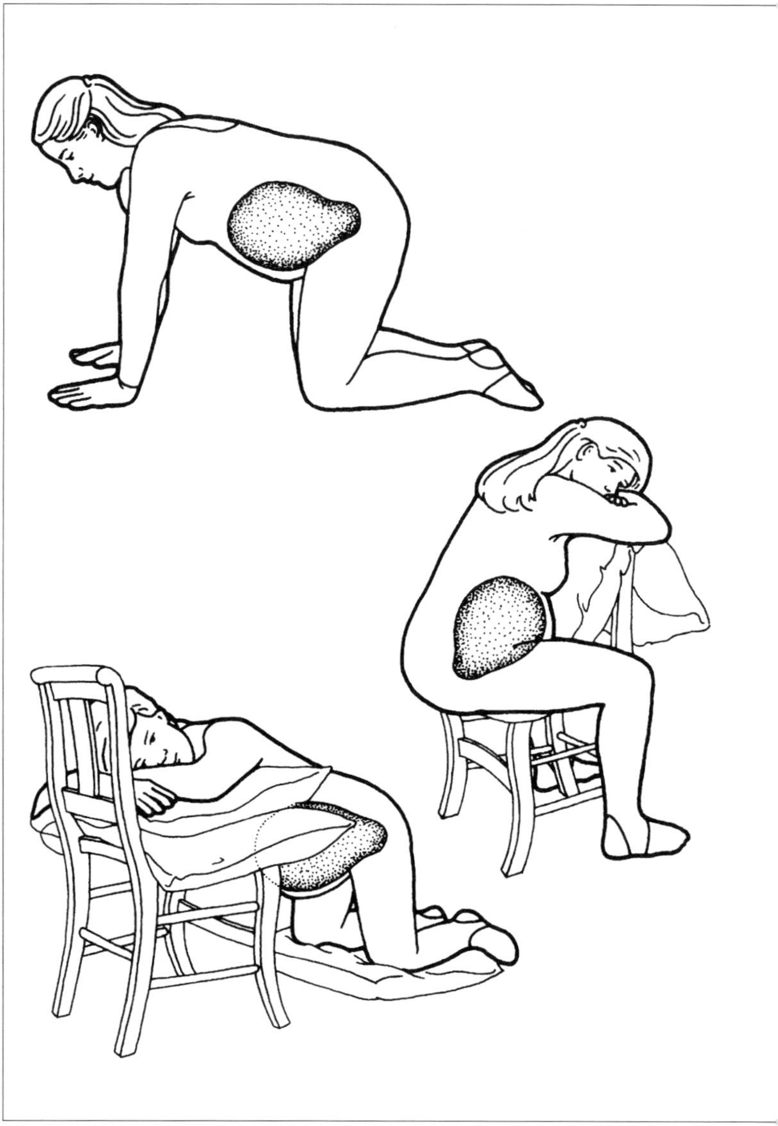

In diesen Positionen kann sich die Frau selbst Erleichterung verschaffen.

Beckenschaukel nach Zilgrei

Hohlkreuz / Katzenbuckel

Die Beckenschaukel nach Zilgrei ist insbesondere für Phasen gegen Ende der Geburt, beziehungsweise wenn der Kopf nicht tiefer treten will, als Unterstützung gut geeignet. Die Zilgrei-Methode basiert darauf, dass das Becken beim Einatmen nach vorn und beim Ausatmen nach hinten geschoben wird. Einfacher ausgedrückt geht die Frau beim Einatmen ins Hohlkreuz und macht beim Ausatmen einen Katzenbuckel. Auch wenn die Methode im Geburtsvorbereitungskurs nicht eingeübt wurde, sollte die Frau diese Übung ausprobieren, zumal sie diese Atemgymnastik in allen Stellungen durchführen kann und sie auch ohne vorherige Einübung äußerst einfach durchzuführen ist.

Auf dem Gymnastikball

Fast schwerelos

Auf dem Gymnastikball ist die Bewegung des Beckens noch freier. Es kann sich nicht nur nach vorn und hinten, sondern auch zur Seite bewegen. Der Mann muss sich hinter die Frau stellen und sie so festhalten, dass sie sich auf dem Ball frei hin und her bewegen kann. Der Mann greift dabei am besten unter die Arme der Frau und verschränkt seine Unterarme unter ihrer Brust. Diese Haltung bewirkt eine gute Stabilität.

Den Damm unterpolstern

Druck entlasten

Gegen Ende der Geburt wird das Druckgefühl nach unten so intensiv, dass es der Frau unerträglich erscheint. Dabei hilft es manchmal, ein Kissen oder einen mit einem Handtuch umwickelten Schuh zu nehmen, auf den sich die Gebärende setzt. Diese Unterpolsterung des Damms ist bisweilen eine gute Hilfe, dem Druckgefühl etwas entgegenzuwirken.

Die Blase entleeren

„Die Wehenbremse"

Eine alte Hebammenweisheit besagt: Volle Blase gleich Wehenbremse. Das ist eine Erfahrung, die alle, die Geburten begleiten, gemacht haben. Andererseits wird sie aber häufig vergessen. Darum an den Mann die Bitte, daran zu denken, vor allem bei einem so genannten Geburtsstillstand.

Die Utensilien

Wenig Aufwand, große Wirkung

Eine Liste über nützliche Utensilien anzufertigen, um die Dinge dann bei Geburtsbeginn zur Hand zu haben, ist kein Muss. Aber es gibt vieles, was die Umgebung für die werdende Mutter persönlicher werden lässt und dadurch unterstützend auf die Geburt wirkt. Diese Liste ist ein Vorschlag und soll Ihre Phantasie anregen, was für Gegenstände für Ihre Partnerin von persönlichem Nutzen sein könnten:

- Bequeme, leichte Kleidung für den Mann (im Kreißsaal ist es sehr warm)
- Kerzen
- Duftstoffe (Öle, Blüten, Duftkerzen)
- Kuscheltier
- Talisman
- Zitronensaft (ist sehr erfrischend)
- Eiswürfel in einer Thermosflasche (Eis lutschen, Stirn kühlen)
- Lieblingsgetränk
- Kassettenrecorder mit Lieblingsmusik
- Essen für den Mann.

Medizinische Maßnahmen bei der Geburt

Viele Frauen haben Angst vor medizinischen Maßnahmen. Sprechen Sie darüber.

Die Notwendigkeit von medizinischem Eingreifen in die Geburt ist häufig Anlass für Fragen in den Geburtsvorbereitungskursen. Die wichtigsten Themen sollen hier aufgegriffen und die Aspekte des Für und Wider besprochen werden. Letztendlich müssen aber die betroffenen Frauen selbst entscheiden, welche Maßnahmen sie vornehmen lassen wollen und welche nicht. Maßstab für den Einsatz einer jeden Intervention sollte die medizinische Notwendigkeit sein. Da jeder Eingriff in den Ablauf der Geburt eine Störung des natürlichen Regelkreises bedeutet, der immer weitere Folgen nach sich zieht, sollte vor jeder Maßnahme die Frage gestellt werden: Gibt es eine medizinische Begründung für das Eingreifen?

Die Braunüle

Manchmal erforderlich

In einigen Kliniken wird aus Sicherheitsgründen grundsätzlich eine Braunüle in die Ader des Unterarms gelegt. Da eine überraschende Komplikation während der Geburt selten ist und ohnehin immer ein Arzt in der Nähe ist, sollte das Anlegen der Braunüle nur in besonderen Fällen erfolgen, wenn voraussichtlich mit Komplikationen zu rechnen ist oder wenn die Frau sich damit sicherer fühlt.

Die Schmerzmittel

Vor- und Nachteile abwägen

Letztendlich gibt es nur ein Schmerzmittel, das der Frau gänzlich die Schmerzen nimmt. Es ist die PDA, die Periduralanästhesie, auch EDA, Epiduralanästhesie, oder einfach „die Rückenspritze“ genannt. Alle anderen Medikamente mögen zwar schmerzlindernd sein, können die Schmerzen aber nicht völlig nehmen. Wenn also heute Schmerzfreiheit bei der Geburt möglich ist, weshalb dann noch das „barbarische“, schmerzhafte Geschehen einer Geburt? Eine seltene Nebenwirkung der PDA ist ein starker Kopfschmerz, der im Einzelfall zur Bettlägerigkeit bis zu einer Woche führen kann. Ein wichtigeres Argument gegen die Rückenspritze ist aber die Tatsache, dass nach der PDA häufig die Wehen schwächer werden oder gar aufhören. Dann wird es meist erforderlich, wehenfördernde Mittel zu geben, die bisweilen schwer zu dosieren sind. So kann es zur verstärkten Wehenreaktion auf die Medikamente kommen, die wieder Gegenmittel erforderlich machen.

Eine weitere Tatsache ist, dass nach PDA häufiger Saugglocken- oder Zangengeburten erfolgen. Man kann die PDA allerdings auch sehr differenziert einsetzen. Wenn die Hebamme merkt, dass die Frau sich nach der Gabe einer PDA von ihrer Anstrengung erholt hat, braucht sie ja kein weiteres Betäubungsmittel nachzuspritzen, und die Frau kann die Geburtsarbeit wieder übernehmen. Ich selbst habe sogar Frauen nach Ausklingen der PDA gebeten, wieder aufzustehen und zur Beschleunigung der Übergangsphase herumzulaufen. Hier muss man allerdings sehr aufmerksam sein und die Frau gegebenenfalls stützen, da die Kontrolle über die Beine nach einer PDA lange Zeit eingeschränkt, teilweise sogar unmöglich ist.

Der Zeitpunkt kann entscheidend sein.

Wenn es in der späten Eröffnungsphase zu einer Verkrampfung des Muttermundes kommt, kann die PDA, kurzzeitig eingesetzt, segensreich sein. Manchmal löst die PDA die Verkrampfung, und es kommt zur raschen Eröffnung des Muttermundes. Im Falle eines Geburtsstillstandes, wenn der Muttermund nicht weiter aufgeht, sind alle Schmerzmittel unter einem neuen Aspekt zu sehen. Denn hier heiligt dann das Ziel die Mittel.

Krampflösende Mittel

Krampflösende Mittel wie Buscopan oder Monzal sind bei einem Geburtsstillstand hilfreich.

Betäubungsmittel

Nicht immer hilfreich

Betäubungsmittel wie Dolantin oder Fortral sollten allerdings wirklich nur im äußersten Notfall verwendet werden, da sie manchmal die Sinne betäuben und die Frau den Überblick verliert, ohne einen Profit von diesen Mitteln zu haben.

Akupunktur

Die Balance finden

Die Akupunktur hält in der letzten Zeit immer mehr Einzug in die Kreißsäle. Dabei ist zu beachten, dass die Akupunktur eine Methode ist, die körperlich-geistige Zustände, die in Disharmonie und im Ungleichgewicht sind, wieder in eine Balance bringt. Die Akupunktur kann also den natürlichen Wehenschmerz nicht nehmen, aber differenziert angewendet kann sie eine zu heftige Wehentätigkeit harmonisieren oder eine Verkrampfung des Muttermundes lösen. Das gilt auch für die Homöopathie. Leider ist es für einen Außenstehenden schwer zu durchschauen, ob eine Klinik mit diesen Methoden engagiert und kompetent arbeitet oder ob das Angebot dieser Maßnahmen nur eine Werbemaßnahme darstellt.

Die Blasensprengung

Eingriffe in den normalen Geburtsablauf sollten stets begründet sein.

Es gibt Geburtshelfer, die grundsätzlich bei einer bestimmten Muttermundweite die Fruchtblase sprengen, wenn dies bis dahin nicht selbstständig geschah. Die Argumente dafür sind unterschiedlich. Einmal wird die sichere CTG-Überwachung des Kindes angeführt, weil die Elektrode dann direkt am Kopf angebracht werden kann. Zum anderen weiß man über die geburtsbeschleunigende Wirkung der Blasensprengung. Wenn die äußere CTG-Ableitung eine normale medizinische Auswertung zulässt, ist die direkte Ableitung über die Kopfhaut des Kindes nicht notwendig, da es im Einzelfall zu erheblichen Verletzungen mit Entzündung der Kopfhaut kommen kann. Die künstliche Eröffnung der Fruchtblase führt zu einer plötzlichen Erhöhung des Drucks auf den Beckenboden, der in seiner Schnelligkeit zu starken Schmerzen führt. Der Wehendruck, der durch die geschlossene Fruchtblase auf eine relativ große Fläche übertragen wird, ist nach der Blasensprengung auf den Kopf reduziert, der stärker auf den Beckenboden einwirkt. Nicht selten verlangen Frauen nach der frühen Blasensprengung nach einer PDA, weil der plötzlich stark zunehmende Schmerz als unerträglich empfunden wird. Dann entsteht das Problem der durch PDA ausgelösten Wehenschwäche, die wiederum Medikamente erforderlich macht. Und wir befinden uns in einem Teufelskreis, der ständig durch das medizinisch unbegründete Eingreifen eingeleitet wird. Gegen einen medizinisch begründeten Einsatz der Blasensprengung ist nichts einzuwenden, wenn zum Beispiel das CTG von außen nicht auswertbar ist oder wenn ein echter Geburtsstillstand eingetreten ist.

Der Wehentropf

Künstliche Wehen haben eigene Gesetze.

Ob ein Wehentropf eingesetzt wird, hängt meist von der Geduld des medizinischen Personals ab. Auch hier hat sich Zurückhaltung als sinnvoll erwiesen. Nach neueren wissenschaftlichen Untersuchungen scheint es einen Zusammenhang zwischen der Anwendung von wehenunterstützenden Mitteln während der Geburt und Erkrankungen von Neugeborenen zu geben. Allerdings sollte auch dieser Einwand nicht dazu führen, einen Wehentropf pauschal abzulehnen, da natürlich letztendlich wehenfördernde Mittel eher bei schwierig verlaufenden Geburten verabreicht werden, die ohnehin zu mehr Komplikationen neigen. Manche Kliniken engen ihren Spielraum für medizinische Interventionen ein, indem sie für die einzelnen Geburtsphasen feste Zeitvorgaben geben, die bei Überschreitung gewisse medikamentöse Interventionen vorschreiben. Unabhängig davon, in welcher Phase sich die Geburt gerade befindet, sollte nicht eine willkürliche Zeitfestlegung medizinisches Eingreifen erzwingen, sondern der Gesundheitszustand des Kindes, der durch die CTG-Überwachung oder durch zusätzliche Blutgasanalysen gut beurteilt werden kann. Ich möchte mich damit nicht gegen medizinisch sinnvolles Handeln stellen, sondern gegen gedankenlose pauschalierte Routine. Jeder künstliche Eingriff in die Geburt birgt die Gefahr, die natürlichen, meist funktionierenden Regelkreise einer Geburt zu unterbrechen.

Der Dammschnitt

Der Dammschnitt wird meist als Entlastung empfunden.

Viele Frauen haben Angst, dass der Dammschnitt schmerzhaft sein könnte.

Das ist unberechtigt. Der Druck auf den Damm am Ende der Geburt ist so intensiv, dass der Dammschnitt eher als eine Erleichterung empfunden wird. Das Problem des Dammschnitts liegt mehr in den möglichen Komplikationen nach der Geburt. Hier kann es zu erheblichen Schmerzen im Nahtbereich kommen.

Da das Leben nach der Geburt ohnehin viele Anstrengungen mit sich bringt, sollten alle unnötigen zusätzlichen Probleme minimiert werden. Mir scheint es vernünftig zu sein, nur dann einen Dammschnitt anzulegen, wenn die Hebamme sieht, dass der Damm reißt; dabei ist der mittlere Schnitt dem seitlichen vorzuziehen, da er erfahrungsgemäß weniger Beschwerden macht.

Der Kaiserschnitt

Der Kaiserschnitt ist oftmals mehr als die so genannte Spontangeburt mit Angst vor Ungewißheit besetzt. Deshalb soll er zuerst in seinem zeitlichen Ablauf beschrieben werden.

Was geschieht beim Kaiserschnitt?

Nachdem die Betäubung, meist eine Rückenspritze, erfolgt ist, wird der Bauch mit Desinfektionsmitteln gereinigt. Dazu werden in Lösung getauchte Tupfer über den Bauch gerieben. Der Körper wird nun so mit sterilen Tüchern (häufig in blauer oder grüner Farbe) abgedeckt, dass nur der Unterbauch frei bleibt. Dabei werden die Decken zum Kopf der Frau hin so hochgehängt, dass keine Bakterien aus ihrem Atembereich in das Operationsfeld gelangen können. Das hat den angenehmen Nebeneffekt, dass die Frau das Operationsfeld nicht sehen muss. Der Mann wird meist gebeten, am Kopf der Frau Platz zu nehmen, sodass auch er das Operationsfeld nicht einsehen muss.

Der Kaiserschnitt lässt sich meist mit einer EDA bzw. PDA durchführen. Die Frau kann ständig Kontakt zu Arzt und Hebamme halten.

Es sind mit diesen Vorbereitungen etwa 30 Minuten vergangen, ohne dass die eigentliche Operation begonnen hätte.

Zunächst wird vorsichtig geprüft, ob der Bauch auch wirklich betäubt ist. Vorher wird der Eingriff nicht begonnen. Bei der meist angewandten Methode der Teilnarkose besteht jederzeit die Möglichkeit, eine Vollnarkose einzuleiten, wenn die Frau wider Erwarten Schmerzen verspürt.

Nun zum eigentlichen Eingriff: Der Bauchraum wird in einzelnen Schritten eröffnet, zuerst die Haut, dann die Muskelschicht und zuletzt das Bauchfell. Damit der Darm nicht die Gebärmutter überdeckt, wird er mit Tüchern oberhalb der Gebärmutter zurückgehalten. Jetzt ist die Gebärmutter gut zu sehen und wird vorsichtig eröffnet, um das Kind nicht zu verletzen. Das Kind wird mit einem Handgriff unterstützt vorsichtig herausgehoben. Dann wird es abgenabelt und der Hebamme übergeben, die es der Mutter zeigt und dann schnell wickelt. Das Kind könnte sich sonst unterkühlen. Vom Beginn der Operation bis zur Geburt des Kindes vergehen meist weniger als zehn Minuten.

Viele Schritte führen zum Ziel.

Nachdem das Kind gewickelt ist, wird es der Mutter an die Seite gelegt, oder der Vater hält es im Arm.

Der Operateur entfernt derweil den Mutterkuchen und verschließt schichtweise den Bauchraum. Dieser letzte Teil des Eingriffs braucht mit etwa 30 Minuten relativ viel Zeit. Danach werden die Frau und das Kind noch einige Stunden zur Beobachtung im Kreißsaal bleiben.

Das Kind ist schnell geboren. Die Operation dauert noch an.

Die nichttechnische Seite beim Kaiserschnitt

Das Geburtserleben wird nicht genommen.

Soweit zum technischen Ablauf. Auch wenn ein Kaiserschnitt bisweilen mit Versagensängsten besetzt ist, nimmt er den meisten Frauen nicht das Geburtserleben. Durch die Teilnarkose kann die Mutter die Geburt des Kindes mitvollziehen. Der Operateur oder die Hebamme werden während der Operation mit ihr reden, ihr sagen: „Bald ist es so weit." Die Frau ist nicht ausgeschlossen bei dem Eingriff, sie nimmt an der Kommunikation teil.

Wenn sich eine Frau dennoch nach einem Kaiserschnitt nichts Sehnlicheres als eine natürliche Geburt wünscht, sei gesagt, dass das Wiederholungsrisiko für Kaiserschnitte meist gering ist.

Das soll nicht das Verständnis nehmen für Frauen, die traurig sind, weil die Geburt nicht in ihrem Sinne verlaufen ist.

Diese Traurigkeit muss akzeptiert werden, denn sie entspringt einem elementaren Bedürfnis. Nicht für jedes Problem findet sich eine Lösung. Oftmals ist Traurigkeit auch angebracht.

Die Geburt durch Kaiserschnitt ist allerdings nur selten ein anhaltendes Problem für die betroffenen Frauen, zu sehr bestimmt das Leben mit dem Kind die Psyche.

Bei einer Vollnarkose kann der Mann die Erinnerungslücke schließen.

Zur Ermutigung des Mannes sei gesagt, dass außer gelegentlichen Kreislaufschwächen durch die Anspannung wenig Probleme bekannt sind. Zudem ist der Mann während des Eingriffs Vermittler für all das, was die Frau wissen möchte. Dies gilt insbesondere, wenn eine Vollnarkose notwendig wird. Hier kann der Mann der Frau später den Ablauf der Geburt erzählen und die Lücke zwischen Einschlafen und Aufwachen schließen.

Deshalb ist es auch völlig unverständlich, weshalb manche Ärzte Männer bei Kaiserschnitten mit Vollnarkose ausschließen.

Wahl der Geburtsform

Die Geburtsform sollte an das Sicherheitsbedürftigkeit der Frau angepasst werden.

Jede Geburt sollte individuell nach dem jeweiligen Sicherheitsbedürfnis von Frau und Mann gestaltet werden. Maßstab ist dabei das Vertrauen sich selbst und seinem Körperempfinden gegenüber. Die meisten Frauen wünschen sich eine natürliche Geburt mit der Möglichkeit des raschen Eingreifens bei Komplikationen. Ob eine Klinikgeburt, eine ambulante Geburt oder eine Hausgeburt gewählt wird, die Medizin sollte ihre Dienstleistung verantwortungsvoll anbieten, aber nicht versuchen, in die Selbstbestimmung der Frau einzugreifen. Durch juristische, gesellschaftliche und organisatorische Maßnahmen muss immer wieder das Recht auf selbstbestimmte Medizin eingefordert werden. Eine klare Vorstellung von der Geburt, die mit der Hebamme oder dem Arzt besprochen wurde, hilft den Medizinern, ihre Unterstützung individuell aufzubauen. In Vorgesprächen ist ein reger Austausch über die Vorstellung des Geburtsverlaufs mit Gegenvorschlägen möglich.

Die Wassergeburt

Entspannung pur!

In einigen wenigen Kliniken können Frauen ihr Kind im Wasser gebären. Dabei wird das Kind in das Wasser hinein geboren und gleich anschließend sofort aus dem Wasser gehoben, sodass der erste Atemzug sicher vollzogen werden kann. In geübter Hand stellt diese Geburtsform kein besonderes Risiko dar.

Wassergeburten ergeben sich aus der Geburtssituation. Eine Frau, die sich gut im Wasser entspannen kann, wird dann auch während der Geburt im Wasser liegen bleiben wollen. Ob das Kind von der Geburt ins Wasser Vorteile hat, lässt sich nicht sicher feststellen. Die Geburt in das Wasser ist lediglich eine Verzögerung des jähen Übergangs vom warmen Uterus in die raue Wirklichkeit.

Die Hausgeburt

Ein heikles Thema! Größte Sicherheit bietet der Kreißsaal im Krankenhaus.

Dazu gibt es widersprüchliche Stellungnahmen. Dabei sind die Dinge eigentlich ganz einfach. Eine Frau, die durch den Rahmen eines Klinikapparates verunsichert wird, die sich vor den Unwägbarkeiten einer solchen Institution mit ihren vielfältigen Einflüssen ängstigt, sollte diesen Rahmen meiden und eine Geburt mit einer erfahrenen Hebamme zu Hause vorziehen. Sollte die Geburt einen krankhaften Verlauf nehmen, wird die Hebamme dafür sorgen, die technischen Möglichkeiten einer Klinik zu nutzen. Das Sicherheitsbedürfnis der Frau und ihres Partners sollte Grundlage der Entscheidung für die Wahl des Geburtsortes sein. Wenn es einer Frau wichtig ist, dass eine Kinderklinik vor Ort ist, sollte sie eine Klinikgeburt wählen, und wenn sich eine Frau durch die Klinik erdrückt fühlt, sollte sie eine Hausgeburt oder ambulante Geburt anstreben.

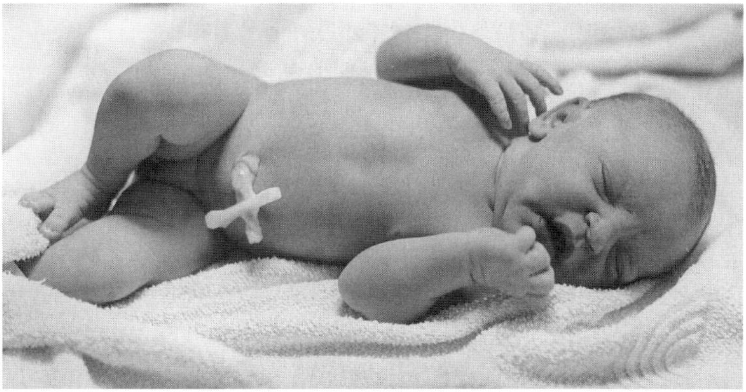

Das späte Abnabeln

Jeden Tropfen nutzen

Sinn der späten Abnabelung ist, dem Kind den Übergang in die Selbstständigkeit durch das noch fließende mütterliche Blut zu erleichtern. Die Gefahr, dass kindliches Blut zur Mutter zurückfließt, ist leicht durch Tasten des Nabelschnurpulses zu verhindern. Wenn die Nabelschnur nicht mehr pulsiert, muss die Abnabelung erfolgen. Bei Frauen mit Rhesusfaktor negativ ist die sofortige Abnabelung zwingend.

Die sanfte Geburt

Sanfte Geburt?

Nein, es gibt sie nicht, die so genannte sanfte Geburt. Wir wissen inzwischen sogar, dass der Geburtsstress eine notwendige Voraussetzung für die Anpassung des Kindes an das neue Leben ist. So haben Kinder, die durch Kaiserschnitt geboren sind, ohne dass Wehen abgewartet wurden, größere Atemanpassungsstörungen als Neugeborene, die unter Weheneinfluss standen. Man wird die Geburt eines Kindes nicht sanft gestalten können, aber man kann dem Kind unnötige Strapazen und Härten ersparen. Dabei sind die Mittel einfach:

- Licht abblenden, sobald das Kind geboren ist
- Ruhe im Kreißsaal
- Das Kind nicht an den Beinen hochziehen
- Kein Schreien des Kindes erzwingen
- Den kindlichen Rachen nicht absaugen
- Spät abnabeln
- Die Käseschmiere zunächst belassen
- Das Kind nicht reinigen, sondern lustvoll baden
- Das Blut kann vorerst ruhig im Haar verbleiben.

Technik im Kreißsaal

Weit weniger Technik als befürchtet

Muss das alles sein?

Den Kliniken wird heute oft vorgeworfen, dass die Geburtshilfe durch Technisierung unmenschlich geworden ist. Aber was gibt es denn an Technik im Kreißsaal:

- CTG (Cardiotokographie)
- Blutgasanalysegerät
- Infusiomat
- Blutdruckgerät

Das CTG ist ein ständiger Begleiter während der Geburt.

Das CTG (Cardiotokogramm) ist der allgemein bekannte Herzton- und Wehenschreiber, der uns über die Sauerstoffversorgung des Kindes informiert. Das Blutgasanalysegerät dient der Feststellung des kindlichen pH-Wertes im Blut. Dabei wird dem Kind während der Geburt ein Tropfen Blut über die Kopfhaut entnommen. Eine solche Untersuchung wird zum Beispiel bei einem unklaren CTG-Befund durchgeführt. Das CTG zeigt manchmal unklare krankhafte Befunde an, sodass durch eine Blutgasanalyse Sicherheit hinsichtlich der Diagnose gewonnen werden kann und somit ein medizinisches Eingreifen in die Geburt vermieden beziehungsweise verschoben werden kann. Ein weiteres notwendiges Gerät ist der Infusiomat, mit dem die Geschwindigkeit einer Infusion geregelt wird. Wehenschwäche oder zu starke Wehentätigkeit erfordern gelegentlich ein medikamentöses Gegensteuern mit wehenfördernden oder wehenhemmenden Mitteln. Die Blutdrucküberwachung der Frau ist notwendig, da der Blutdruck während der Geburt plötzlich steigen kann, was eine sofortige Behandlung erfordern würde. Es sind also, abgesehen von den alltäglichen Dingen unseres Lebens, nur wenige technische Geräte im Kreißsaal zu finden.

Bei der Kreißsaal-Gestaltung schließt Wohlbefinden die Medizintechnik nicht aus.

Ich denke, es ist mehr die Kreißsaalgestaltung, die uns den Eindruck von Sterilität, Kälte oder Unmenschlichkeit vermittelt. Infusiomat, Blutdruckgerät und Blutgasanalysator könnten leicht in einem Schrank verschwinden und erst dann hervorgeholt werden, wenn man sie wirklich braucht. Das CTG wirkt eher beruhigend, denn es zeigt nicht nur der Hebamme, sondern auch der Frau und dem Mann, dass es dem Kind gut geht. Weshalb aber sind noch so viele Kreißsäle gekachelt und lieblos mit Neonlicht erhellt? Weshalb diese Operationssaalatmosphäre?

Es ist jahrzehntelang bei öffentlichen Gebäuden nur an die Funktionalität gedacht worden. Es wurde an die Putzeigen-

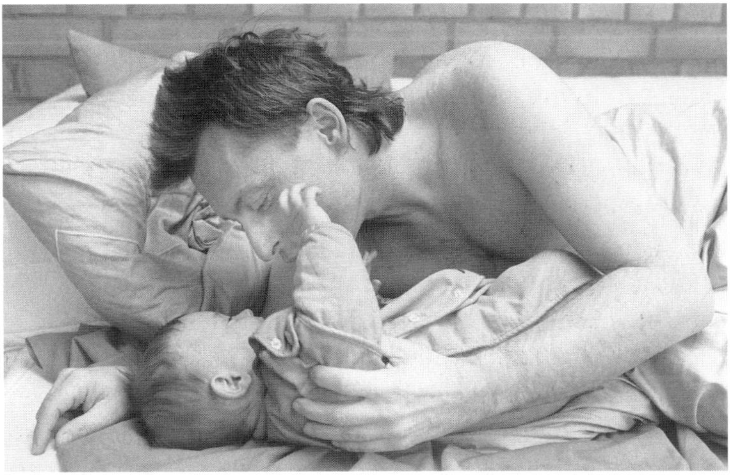

schaften, an Rationalisierung gedacht, aber nicht daran, Kreißsäle für Schwangere zu bauen, so wie man keine Krankenhäuser für Kranke und keine Schulen für Schüler baute.

Entbinden oder Gebären?

Gebären!!!!!!!!!!

In diesen Worten verstecken sich die beiden verschiedenen Standpunkte, von denen aus man die Geburt betrachten kann und die ausschlaggebend dafür sind, wie die Geburt medizinisch begleitet wird. Wird die Frau von ihrem Kind entbunden oder soll sie ihr Kind gebären? Bei Diskussionen mit Geburtsvorbereitungskursleiterinnen und -leitern wird stets über die mangelnde Kooperationsbereitschaft des Personals in Kliniken geklagt, besonders wenn die Geburtsvorbereiter versuchen, mehr Zurückhaltung bei medizinischen Eingriffen zu fordern.

Die Geburten sind nur ein Teilbereich der Hebammen-Tätigkeit in einer Klinik.

Oft sind es organisatorische Gründe, die medizinisches Personal dazu bringen, eine Geburt zum Beispiel mit wehenfördernden Medikamenten zu beschleunigen. Organisatorisch ist es günstig, wenn zum morgendlichen Dienstbeginn der Kreißsaal leer ist. Dann ist Zeit für notwendige Untersuchungen, die die parallele Stationsarbeit mit sich bringt, für anstehende Operationen, für Untersuchungen von Neuaufnahmen usw. Aber auch die persönliche Erfahrung und Geduld des medizinischen Personals spielen eine Rolle. So können viele Hebammen und Geburtshelfer das Schreien einer Frau bei der Geburt nicht als Wehenverarbeitung verstehen. Sie verstehen es als Ausdruck größten Leidens und als Hilferuf und drängen deshalb der Frau eine Periduralanästhesie geradezu auf. Durch Gerichtsentscheidungen sind auch die Freiräume für sinnvolle medizinische Handlung eingeengt worden. So wurden wegen einzelner Gerichtsurteile Fingerspitzengefühl und Erfahrung einer Hebamme durch überflüssige technisierte Routineuntersuchungen ersetzt, nur weil dadurch bei eventuellen Prozessen eine nachvollziehbare Dokumentation vorzuweisen war. Dies soll kein Plädoyer gegen Klinikgeburten sein, es soll aber einen Eindruck vermitteln, wie schwierig es sein kann und auf welche Hindernisse man stößt, wenn man versucht, in der Klinik eine Geburt nach dem individuellen Bedürfnis der Frau auszurichten.

Frühzeitig über Wünsche und Vorstellungen mit der Hebamme reden!

Mir scheint es sinnvoll zu sein, in Gesprächen mit dem medizinischen Personal in den Kliniken über die eigenen Vorstellungen des Geburtsablaufs zu sprechen. Erfahrungsgemäß geht das Klinikpersonal bei der rechtzeitigen persönlichen Vermittlung der Wünsche verständnisvoller mit den individuellen Vorstellungen um. Die Geburtskliniken können natürlich auch in einem gemeinsamen Gespräch mit den Betroffenen ein individuelles Geburtskonzept erstellen, das sie, je nach juristischer Einstellung, von der Frau unterschreiben lassen können.

Damit kein falscher Eindruck entsteht: Die Geburt ist ein so gewaltiges natürliches Erlebnis, dass selten medizinisch intensiv eingegriffen werden muss.

Die Zeit danach

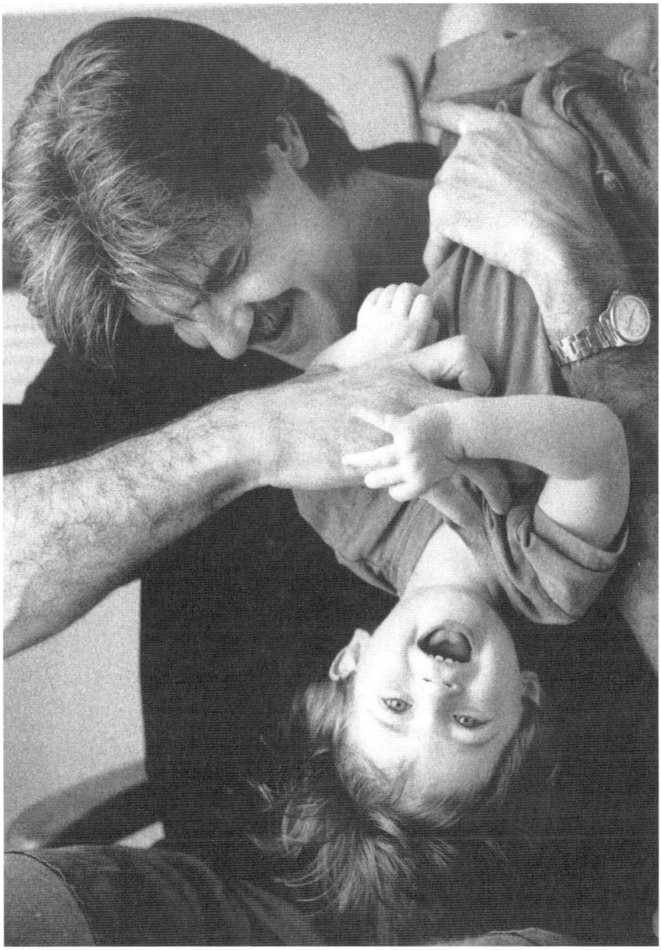

Jetzt beginnt das, worauf Sie sich so lange gefreut haben: das Leben mit Ihrem Kind.

Die erste Zeit danach

Der erste Gesundheits-Check erfolgt schon im Kreißsaal.

Schon im Kreißsaal erfolgt eine erste Untersuchung durch die Hebamme oder den Arzt, die U 1 (Untersuchung 1). Drei, fünf und zehn Minuten nach der Geburt wird das Kind nach einem Punkteschema beurteilt. Der so genannte Apgar-Test beinhaltet eine Beurteilung der Hautfarbe, Atmung, Muskelspannung, Reflexe auf Berührung und Puls des Neugeborenen. Das Ergebnis wird in den Mutterpaß eingetragen. Die Höchstzahl, die ein Kind erreichen kann, ist 10. Die einzelnen Kriterien sind in der folgenden Tabelle dargestellt. Kinder mit Werten unter 7 müssen vom Kinderarzt behandelt werden.

Untersuchung des Kindes: Der Apgar-Test
Beispiele, die dann auch im Mutterpass zu finden sind, können so aussehen:

Apgar 10–10–10	Besser geht es nicht.
Apgar 7– 8–10	Eine typische ansteigende Entwicklung.
Apgar 7– 8– 8	Überwachungswürdiger Befund.
Apgar 9– 8– 6	Intensive Überwachung erforderlich.

Werte unter 6 sind sicher behandlungsbedüftig.

Durchschnittlich findet man Werte wie:
Apgar 9–10–10 oder
Apgar 8–9–10

Vom ersten Tag an Vorsorge

Vitamin K wird heute den Kindern in Tropfenform verabreicht. Es dient der kindlichen Blutungsprophylaxe. Die Augenprophylaxe wird heute meist nicht mehr durchgeführt, sie ist nur bei einem Gonorrhöe-Risiko sinnvoll. Durch eine Blut- und Stuhluntersuchung (TSH und Guthrie-Test) wird das Kind auf mögliche Stoffwechselerkrankungen untersucht. Es handelt sich um eine Schilddrüsenunterfunktion und die Phenylketonurie, die durch eine besondere Diät behandelbar ist.

Der Tag danach

Es ist kaum zu glauben …

Kommen wir zum erfreulichen Teil: dem Kind, Ihrem Kind. Kaum ist es da, hat es schon so viel eigene Persönlichkeit! Ich war nach der Geburt meiner beiden Kinder überrascht von der so früh ausgeprägten individuellen Reaktion auf Geräusche, Musik, Stimmen, Helligkeit, Geschmack, Geruch, Berührung, Zuwendung, Zärtlichkeit und unsere eigene Stimmung. Ich hatte alles erwartet, aber Persönlichkeitsstrukturen in dieser Intensität waren auch für mich überraschend. Ich habe allerdings nicht nur positive Erfahrungen gesammelt. Sehr bald zeigten sich auch Starrköpfigkeit und Penetranz in einer sehr individuellen Form als bereits gefestigte Persönlichkeitsanteile. „Von wem sie das wohl haben?“, fragt man sich unweigerlich. Sie lächeln, schmollen, grinsen, ziehen Grimassen, schreien und weinen. Man spürt ihre Freuden, ihre Launen, ihren Hunger, ihre Schmerzen.

Alles wird anders

Das muss geplant werden: der Kampf von Freud und Leid …

Beim alltäglichen Tun mit dem Kind erfahren Männer die Vielfältigkeit der kindlichen Reaktion. In den Alltag einbezogen zu sein bedeutet auch eine Vertiefung der Beziehung. Selbst indirekte Arbeiten wie Einkaufen erfordern ein Eindenken in die kindliche Situation. So ändert sich unter Umständen der Speiseplan, wenn das Kind gestillt wird. Worauf reagiert das Kind mit stärkeren Blähungen, was fördert die Milchbildung? Der Mann, der hier einbezogen ist, wird zwangsläufig das Kind intensiver erleben und die Probleme des Kindes besser verstehen, das mit seiner Anpassung an die neue Umwelt einfach Zeit braucht. Es dauert etwa sechs Wochen bis drei Monate, im Einzelfall kann es sogar ein halbes Jahr und mehr

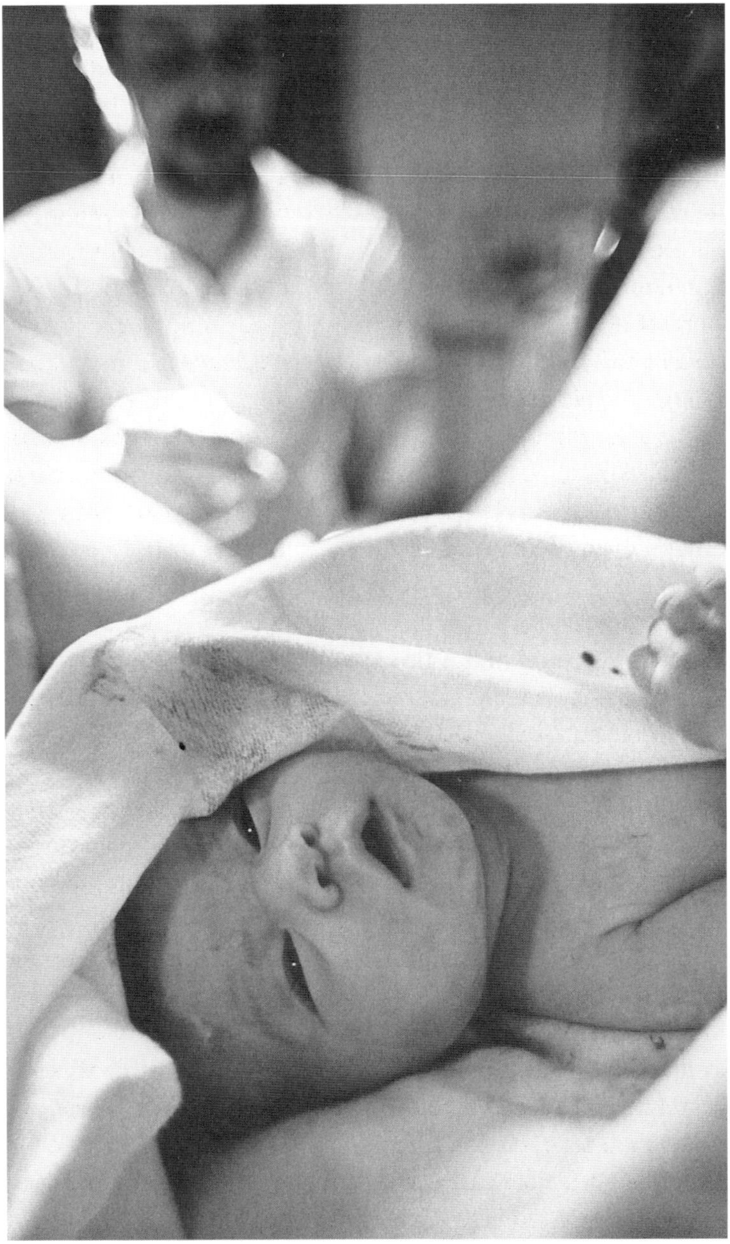

dauern, bis das Kind den Anpassungsprozess vollzogen hat. Besonders zeitintensiv ist der Anpassungsprozeß von Magen und Darm. Welche Schmerzen eine Magen-Darm-Funktionsstörung macht, können Erwachsene mit Darmverschluss bestätigen. Da ist viel Zuwendung nötig, ohne dass für uns Erwachsene ein direkt wahrnehmbarer Erfolg zu verzeichnen ist. Denn trotz Zuwendung bleiben die Schmerzen, und trotz Zuwendung weint das Kind weiter. Die erste Zeit nach der Geburt ist eine harte, wenn auch schöne Zeit: anstrengend und unbegreiflich schön, eine Zeit natürlicher Überforderung. Stellen Sie sich darauf ein, dass sich Tränen der Freude mit Tränen der Hilflosigkeit abwechseln werden. Die Veränderungen sind aber nicht nur beim Kind gewaltig, auch zwischen den Partnern gilt es nun, sich auf eine ganz neue Situation einzustellen.

Das Jahr danach

Wenn die Alltäglichkeit Einzug hält ...

Wenn der Mythos von Schwangerschaft und Geburt verraucht ist, wird es anstrengend. Anstrengend für das Kind mit seinen Anpassungsproblemen, anstrengend für die Frau mit der leiblichen und organisatorischen Versorgung des Kindes und anstrengend für den Mann mit dem beruflichen Alltag, durch den neuen Zeitrhythmus und durch den Beziehungswandel geprägt. Anstrengungen, die Gefahren bergen, sich auseinander zu leben, sich zu verlassen. Das Verlassen braucht nicht unbedingt eine Scheidung zu bedeuten. Viele leben weiter im gleichen Haushalt, haben sich aber innerlich längst verlassen.

Ich spreche nicht nur von den anderen, ich spreche auch von mir. Ich spreche nicht von allen, aber von vielen. Ich will hier versuchen, eine Beschreibung immer wiederkehrender Konfliktfelder vorzunehmen, die nach der Geburt eines Kindes ein Auseinanderleben fördern könnten, so wie ich es in den vielen Jahren meiner praktischen Tätigkeit beobachten konnte.

Wir teilen unser Problem mit vielen anderen.

Dabei will ich die einzelnen, wichtigsten Themenkreise nur benennen, ohne sie gegenseitig in eine Beziehung zu setzen. Denn ich habe in meiner Praxis immer wieder erfahren, dass es den Betroffenen schon die Angst nehmen kann, versagt zu haben, wenn man die Probleme einfach nur beim Namen nennt und feststellt, dass die Betroffenen nicht allein damit sind, sondern dass ihr Problem ein Problem von vielen ist.

Zwischen Glückseligkeit und Realität

Die Konflikte in der Zeit nach der Geburt sind meist tabuisiert. Freude und überschäumendes Glück sollten doch jetzt selbstverständlich sein. Dass die Freude, die ja auch überwiegt, aber hart erkauft wird mit Lebensumstellungen und Verzicht, passt nicht in das rosarote Licht der Glückseligkeit. Die neue Situation nach der Geburt ist nicht allgemein gültig zu beschreiben, jeder muss sie natürlich für sich selbst durchstehen, aber die Struktur der Probleme ist fast immer gleich. Mir scheint, die Hoffnung ist berechtigt, dass der Hinweis auf die Häufigkeit der Probleme in der Zeit danach zumindest von dem Zwang befreit, einen Schuldigen dafür zu suchen, und man sich somit eher einer konstruktiven Lösungsfindung zuwenden kann.

Der Kinderwunsch

Zwischen Rationalität und Lebensglück

Dank mehr oder weniger geeigneter Methoden der Verhütung ist die Entscheidung für ein Kind zu einem planbaren Prozess geworden. Kinder als Alterssicherung dürften in unserem Kulturkreis keine größere Bedeutung mehr haben. Die Entscheidung für ein Kind unterliegt selten rein sachlichen Kriterien. Bei den sich anhäufenden Umweltproblemen und der sich zuspitzenden Übervölkerung unseres Planeten gibt es sicher auch vernünftige Gründe, aus volkswirtschaftlicher und ökologischer Sicht auf Kinder zu verzichten oder eine Adoption

vorzuziehen. Aber es sind eben nicht nüchterne Überlegungen, die zur Entscheidung für ein Kind führen, sondern es sind Sehnsüchte, Gefühle, Wünsche und Hoffnungen. In einer guten Partnerschaft verspricht man sich durch das Kind eine emotionale Bereicherung, ein Mehr an Glück und eine Vertiefung der Beziehung. Trotzdem: Bei dieser existenziellen Frage klaffen Gräben zwischen den Geschlechtern. Ich möchte auf die Differenzen in der Abwägung sachlicher Kriterien des Kinderwunsches nicht eingehen, denn sie eignen sich zur offenen Auseinandersetzung. Reden wir lieber über das Unausgesprochene, über das, wo der Konfliktstoff schlummert, was dann zu Missverständnissen und zum Auseinanderleben führen kann.

Der Kinderwunsch ist bei Mann und Frau unterschiedlich begründet

Wie schwanger wird der Mann?

Während die Frau ein starkes körperliches Empfinden während der Zeit der Schwangerschaft, der Geburt und des Stillens hat, reduziert sich die körperliche Beteiligung des Mannes daran lediglich darauf, dass er seine Fähigkeit zur Zeugung unter Beweis gestellt hat. Ich weiß, dass dies eine vereinfachte Aussage ist, aber nicht selten wird die Einfachheit dieses männlichen Interesses durch den Wunsch, einen Sohn zu zeugen, auf die Spitze getrieben. Und das ist keine Seltenheit. Im Einzelfall findet man natürlich immer auch Männer, die sich ihren Partnerinnen unterschiedlich stark verbunden fühlen, bis hin zu den Männern, die ihre psychische Verbundenheit mit der Schwangerschaft so intensiv erleben, dass sie sich körperlich und emonational ebenfalls „schwanger“ fühlen.

Es ist nicht die körperliche Nähe allein.

Aber jeder soll und muss mit seiner eigenen Umsetzung des Kinderwunsches leben. Ich will hier nur die Eckpfeiler für mögliche Familienkonflikte aufzeigen. Die Konflikte in der Schwangerschaft und in der Zeit danach finden durch die un-

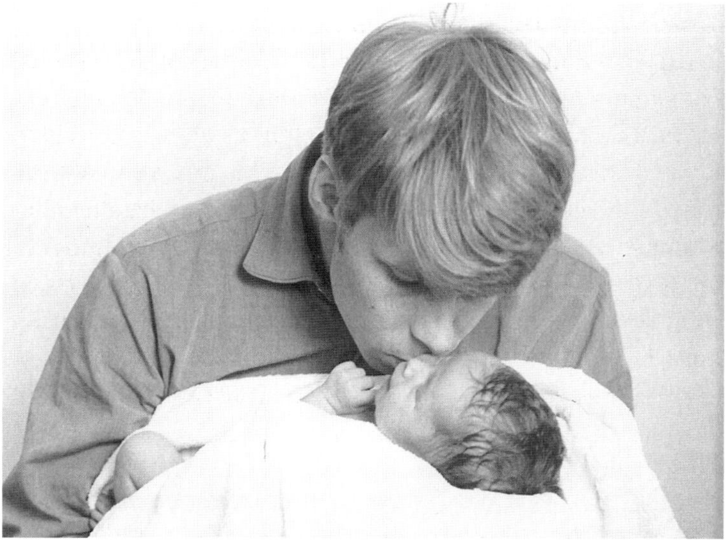

terschiedliche Intensität, mit der das Kind gewünscht wurde, noch eine unbewusste Verstärkung. Im schlimmsten Fall wird ein Partner dem anderen vorwerfen, zur Familienentscheidung „überrumpelt" worden zu sein, und verlangen, die Folgen der Entscheidung selbst zu tragen.

Beim zweiten Kind wird noch einmal alles anders

Die Differenz im Erleben kann mit jedem weiteren Kind noch größer werden. Das körperliche Erleben der Frau bleibt gleich stark und wird oft sogar durch die Erfahrungen der vorausgegangenen Schwangerschaft verstärkt. Die meisten Frauen freuen sich auf eine neue Schwangerschaft, deren problematische Seiten wohl bedenkend. Auf die Frage nach dem Wunsch zu einem weiteren Kind antworten Männer häufig abschweifend und indirekt. Als Begründung für ein weiteres Kind wird von Männern oft angeführt, dass sie keine Einzelkindsituation wollen oder dass man später sicher froh und entlastet ist, weil sich die Kinder miteinander beschäftigen können.

Statistisch hat eine Familie 2,4 Kinder.

Eine Verstärkung des Konfliktpotenzials aus der unterschiedlichen Intensität des Kinderwunsches bei der Zweitschwangerschaft liegt zu einem großen Teil an dem unterschiedlichen Erleben der Frau bei einer zweiten Schwangerschaft. Eine typische Familienkonstellation: Die Frau versorgt das erste Kind, das zwei oder drei Jahre alt ist und das der ständigen Aufmerksamkeit bedarf. Selbst so banale Freuden, wie eine Tasse Kaffee in Ruhe zu trinken, sind in dieser Zeit oft unmöglich. So bleibt kaum Zeit und Ruhe, die zweite Schwangerschaft zu genießen. Die Verantwortlichkeit für diese damit verbundenen Schwierigkeiten hat die Frau verstärkt zu tragen.

Betrachtet man vergleichende Statistiken zum Thema Kinderwunsch von Männern und Frauen, findet man zwar je nach Autor stark voneinander abweichende Zahlen, aber gleichgültig, ob die Statistik kinderlose oder Männer und Frauen mit schon einem Kind berücksichtigt, der Wunsch nach einem Kind wird von den Männern in allen Statistiken weniger intensiv geäußert als von der Frau.

Die Sexualität

Ein häufiges, leider oft verschwiegenes Problem

Das Problem der Sexualität nach der Geburt lässt sich auch mit einer vereinfachten Aussage verdeutlichen. Männer entwickeln in der Schwangerschaft oft die Angst, beim Geschlechtsverkehr das Kind oder die Frau verletzen zu können. Dadurch stauen sich in dieser Zeit viele Wünsche auf, und die Erwartung wird aufgebaut, nach der Geburt endlich wieder einen ungehemmten Sexualverkehr aufnehmen zu können. Problematisch wird es nun, weil sich bei der Frau eher gegenläufige Tendenzen einstellen. Viele Frauen haben während der Schwangerschaft verstärkte Lustgefühle. Nach der Geburt können diese Gefühle in mitunter recht lang anhaltende Lustlosigkeit umschlagen.

Dadurch wird die Erwartung des Mannes enttäuscht. Wie gut ein Mann mit dieser Situation nach der Geburt umgehen kann, hängt natürlich auch von der zeitlichen Länge dieses Zustandes ab und von der Fähigkeit des Mannes, andere Formen von körperlicher Zuwendung zu akzeptieren. Die Frau möchte jetzt ja nicht in einem körperlich beziehungsfreien Raum leben. Zärtlichkeit und körperliche Zuwendung nach der Geburt sind sehnlichst geäußerte Wünsche all meiner Patientinnen. Der Mann fühlt sich meist abgelehnt beziehungsweise „nicht mehr geliebt", wenn es ihm beim Sexualkontakt nicht mehr erlaubt wird, den Penis in die Scheide einzuführen. Es bedeutet für ihn, einen Lernprozess durchzustehen, dies nicht als Ablehnung seiner Person zu verstehen und das normale Sexualleben wieder langsam und mit viel Geduld aufzubauen.

Die Situation der Frau

Hormonelle, körperliche und seelische Anpassung nach der Geburt und die besondere Situation beim Stillen

Die psychische Situation der Frau und damit auch ihre Sexualität wird durch viele Faktoren bestimmt. Nach dem intensiven körperlichen Erleben der Schwangerschaft und Geburt folgt das Stillen. Nicht selten fühlt sich die stillende Frau im wahrsten Sinne des Wortes „ausgesaugt". Der neue Schlaf- und Wachrhythmus, Schlafmangel und permanent zwingende Aufmerksamkeit führen zu einer Erschöpfung, die wenig Raum für körperlich intensive Kontakte lässt. Die neue gesellschaftliche Ausgeschlossenheit und der plötzliche Hormonumschwung tun ihr Übriges, um diese Situation zu belasten. Biologisch gesehen scheint diese Ablehnung von zur Befruchtung führender Sexualität vernünftig zu sein, denn in dieser Zeit der natürlichen Überforderung ist eine weitere Schwangerschaft gesundheitlich betrachtet nicht sinnvoll. Es genügt jedoch keine biologische Erklärung, um zu lernen, die neuen Grenzen zu respektieren.

Spricht alles dagegen?

Wann ist das sexuelle Verlangen der Frau wieder „normal“? Wenn es denn überhaupt im Bereich der Sexualität eine Normalität gibt, mag uns hier der Zustand vor der Schwangerschaft als Anhalt dienen. Grundsätzlich sind viele Frauen ein bis zwei Wochen nach der Geburt Geschlechtsverkehr gegenüber nicht abgeneigt, aber die seelisch-körperliche Verflechtung des Sexualaktes ist durch die körperliche Komponente noch gestört. Durch Hormoneinfluss ist die Scheide trocken und empfindlich. Die Dammschnittnaht beziehungsweise der genähte Dammriß schmerzt eventuell noch. Es wird an Spannung des Beckenbodens fehlen. Die körperliche Erregbarkeit ist zunächst auch noch gestört. Damit ist das „Sichaufschaukeln“ von Körper und Seele im Sexualprozeß unterbrochen. Es bedarf jetzt viel Feingefühl beider Partner, die Gefühle des anderen nicht zu verletzen.

Der Mann sollte Rücksicht nehmen

Es braucht Zeit.

Der Mann sollte auf die körperlichen Veränderungen seiner Partnerin Rücksicht nehmen. Es dauert länger, bis die Scheide feucht ist. Die Stimulation sollte im Bereich der Klitoris beginnen, der schmerzempfindliche Damm sollte gemieden werden. Beim Eindringen in die Scheide ist ebenfalls der Bereich der Naht zu schonen, was sich durch Variieren der Stellung bewerkstelligen lässt.

Bis der so genannte „Normalzustand“ wieder erreicht ist, kann im Einzelfall ein halbes Jahr und mehr vergehen. Es ist also sehr wichtig, sich darauf einzustellen. Gelegentliche Frustrationen werden jedoch immer entstehen und sind auch verständlich; man sollte sie besser bewusst an sich heranlassen.

Grenzen erkennen

Wenn zwei Wochen nach der Geburt „alles wieder normal“ ist, vergessen Sie, was Sie gerade hier gelesen haben, und auch, was Sie über das Infektionsrisiko bei Wochenfluss gelesen haben, es gibt ja Kondome. Die Grenzen, die die Frau setzt, sind jetzt natürlich wichtiger denn je.

Werden diese Grenzen wahrgenommen und akzeptiert, braucht der Mann sich nicht zu fürchten, die Partnerin zu verletzen. Es gibt nicht wenige Männer, die diese Angst haben. Dass sich aus dem Miterleben der Geburt für Männer Sexualprobleme ergeben, ist äußerst selten und dann meist nur ein vorübergehendes Problem.

Der Zeitfaktor

Es passt nicht immer …

Die Umstellungen, die Ängste und die Entsagungen, die Schwangerschaft, Geburt, Stillen und natürlich das Kind selbst mit sich bringen, sind zahlreich. Hinzu kommt, dass das Problembewusstsein beider Partner häufig zeitversetzt auftritt. Nehmen wir als Beispiel die Ängste um die Gesundheit des Kindes. Diese Angst wird sicher von Frau und Mann in ähnlicher Intensität durchlebt, fällt aber zeitlich nicht unbedingt zusammen.

So wird die Chance des gemeinsamen Bearbeitens von Angsterleben, die Chance zur Vertiefung der Beziehung manchmal zum Stolperstein.

Den Alltag bewältigen lernen

Alltag oder Alltäglichkeit?

Das Beispiel mag banal klingen, aber die Problematik der Beziehungskrisen ist fast immer in alltäglichen Dingen begründet. Eine Frau kommt mit dem Kind von der kinderärztlichen Vorsorgeuntersuchung. Es war alles in Ordnung. Der Kinderarzt hat ihr gezeigt, wie gut die Reflexe ihres Kindes sind, dass alle Organe gut arbeiten, hat ihr bestätigt, wie gut das Kind bei ihrem Stillen gedeiht. Sie ist glücklich und freut sich, die Neuigkeiten an andere weitergeben zu können. In dieser Stimmung trifft sie auf ihren Mann, der am Mittagstisch mit seinem Kollegen über den „plötzlichen Kindstod" seines Sohnes vor zwei Jahren gesprochen hat. Es ist nicht weit hergeholt, dass hier trotz grundsätzlicher Bereitschaft zuzuhören und trotz grundsätzlicher Bereitschaft zu trösten Spannungen entstehen. Da wird der eine die Position einnehmen, „das Schlimmste zu befürchten", und der andere wird alles harmonisierend durch „eine rosarote Brille sehen". Sie meinen, der Zeitfaktor sei unbedeutend? Ganz sicher nicht. Ich habe in meiner langjährigen Praxis die Erfahrung gemacht, dass bei den ohnehin entstehenden zusätzlichen Belastungen der Toleranzspielraum zwischen Mann und Frau enger wird. Erfahrungsgemäß werden auch durch solche indirekten Prozesse wie den Zeitfaktor die echten Auseinandersetzungen mit einem Konflikt oder einem gemeinsamen Problem verdrängt. Wer will schon ein wenn auch wichtiges Thema aufgreifen, das aber im Augenblick als ein nicht aktueller Gesprächsgegenstand erscheint?

Wir sind so in unsere Umwelt verflochten, dass wir nur selten unsere Frustrationen da ausleben, wo sie entstanden sind.

So ist auch die momentane Stimmung, in der wir uns gerade befinden, entscheidend für eine differenzierte Auseinandersetzung mit gemeinsamen Problemen.

Die Körperlichkeit

Das körperliche Empfinden der Frau in der Schwangerschaft, bei der Geburt und beim Stillen ist immer wieder als intensives Erleben beschrieben worden. Alle Versuche, den Mann in dem Zusammenhang Schwangerschaft, Geburt und Stillen an diesem körperlichen Empfinden teilhaben zu lassen, können nur ein schwacher Trost sein. Ich möchte hier keinen Neid konstruieren, aber den Wunsch, das Kind in irgendeiner Art zu fühlen, zu ertasten, äußern fast alle Männer.

Eine Beziehung zum Kind aufbauen

Die Nähe zum Kind: von der biologischen „Ungerechtigkeit"

Eine frühe Beziehung zum Kind aufzubauen fällt dem Mann meist schwer. Er steht immer daneben. In der Schwangerschaft, bei der Geburt, beim Stillen: Er steht daneben und ist nicht automatisch eingebunden in diese enge Beziehung zwischen Mutter und Kind. Während der Schwangerschaft ist die Verbindung zwischen Mutter und Kind von einer lebensnotwendigen Abhängigkeit gekennzeichnet. Das betrifft sowohl die Ernährung als auch die seelisch-geistige Versorgung des Kindes. Die permanente körperlich-seelische Verbundenheit baut eine enge Beziehung zwischen der Mutter und dem Kind auf, die vom Partner der Frau erst einmal erarbeitet werden muss, ohne sie in dieser engen Form jedoch je erreichen zu können. Diese biologische „Ungerechtigkeit" wird immer dann problematisch, wenn sich, aus welchen Gründen auch immer, dic Bczichung zwischen Mann und Kind nur schwer aufbaut. Gerade bei Männern, die die enge Beziehung zum Kind ersehnen, aber durch soziale Einbindung, zum Beispiel durch den Beruf, kaum Zeit dafür aufbringen können, stellt sich irgendwann Resignation ein. Die Bereitschaft, ein Kind aktiv mit zu versorgen und damit auch Arbeit im häuslichen Bereich zu übernehmen, hängt zu großen Teilen von der Bindung zum Kind ab. Ich spreche nicht über die Männer, die Hausarbeit als Frauensache betrachten. Ich möchte nur den Männern, die eine tiefe Beziehung zum Kind eingehen wollen, verdeutlichen, dass sie, um das Kind an sich zu binden, auch Zeit brauchen und nicht nur guten Willen. Denn die mütterliche Bindung des Kindes ist ja auch mit zeitlichen Entbehrungen der Frau verbunden und oft mühsam erarbeitet.

Einschränkungen der Beziehungsmöglichkeit

Da muss man dran arbeiten. Nichts geht spontan.

Beim Stillen ist der Beziehungsaufbau des Mannes zu seinem Kind durch die erforderliche Nähe zwischen Mutter und Kind ebenfalls eingeschränkt. Der Mann, der sein Kind spontan zu einem Spaziergang oder zu einem Besuch mitnehmen möchte, muss sich an die Stillzeiten halten oder Ersatznahrung mitnehmen, was wiederum das Stillen negativ beeinflussen kann. Spontanes Handeln ist also in der ersten Zeit erschwert. Es reicht nicht aus, Zeit zu haben, sie muss auch dem kindlichen Rhythmus angepasst sein. Sicher stellt der Unterschied in der Beziehung zwischen Mutter und Kind und Vater und Kind keine permanente Krise dar, aber bei Konflikten spielt dieser Unterschied doch eine wesentliche Rolle.

Mutterkinder

„Mama!"

Im alltäglichen Leben erleben Männer oft Enttäuschungen, wenn sie mit Situationen konfrontiert werden, die die enge Bindung des Kindes an die Mutter widerspiegeln. Bei jedem Schreck oder Sturz schreit das Kind nach der Mutter. Ein Vater erzählte mir einmal: Als seine Frau vier Wochen verreiste und er seine beiden Söhne, drei und fünf Jahre alt, allein betreute, spielte sich erst nach etwa zehn Tagen die Alltags-

routine ein. Wenn irgend etwas passierte, wurde jetzt nach ihm gerufen. Nach vier Wochen holte er seine Frau mit den beiden Kindern am Bahnhof ab. Am Ende der Rolltreppe stürzte der Jüngste, und er schrie sofort automatisch: „Mama!"

Der Animateur

Viele Männer erzählten mir, dass es bis zum Kindergartenalter dauerte, bis sie die Beziehung zu ihrem Kind als befriedigend und tief erlebten. Ab diesem Alter kann man bisweilen eine Änderung in der Beziehung des Kindes zu seinen Eltern feststellen. Die Kinder, denen die Grenzen im Alltag immer durch die Mutter gesetzt wurden, empfinden den Vater, der mehr die Freizeitgestaltung übernimmt, als positive Bereicherung, und die Beziehung wird vertieft. Wenn zuvor die enge Beziehung des Kindes zur Mutter vom Mann nur schwer akzeptiert wurde und die Frau nichts dazu getan hat, den Mann einzubeziehen, können sich jetzt Strukturen zeigen, die ich „die späte Rache des Mannes" nennen möchte. Er könnte jetzt, im Gegensatz zur Grenzen setzenden, strafenden Mutter, seine Rolle als Freizeit-Vater, der immer lustig ist und alles mit dem Kind macht, ausbauen und somit seine Beziehung zum Kind so knüpfen, dass die Mutter oft daneben steht. Es ist also ratsam, den Beziehungsbedarf des Mannes in der frühen Phase, gleich nach der Geburt des Kindes, ernst zu nehmen und später der Frau nicht nur die einschränkende Seite der Erziehung zu überlassen.

Der Beruf

Den Tatsachen ins Auge sehen: wie früher …

Überwiegend findet auch heute noch die traditionelle Arbeitsteilung zwischen Frau und Mann statt. Der Mann geht nach der Geburt des Kindes meist weiter seinem Beruf nach, und die Frau übernimmt zunächst die Versorgung der Kinder. Wenn auch die meisten Paare freiwillig die Entscheidung zu dieser Lebensform getroffen haben, ist sie doch oft ein Konfliktherd. Die Arbeit der Frau mit den Kindern wird immer noch weit un-

terschätzt. Die dauernd geforderte Aufmerksamkeit und die pausenlos nötige Präsenz erlauben ihr keine wirklichen Ruhepole. Die Zeit nach der Geburt ist eine Zeit der natürlichen Überforderung. Ich kenne nur wenige Paare, die sich in der Zeit nach der Geburt nicht überfordert fühlten. Die Situation der Frau wird häufig auch noch durch die soziale Isolierung verschlimmert. Sie muss allein für sich herausfinden, wie sie mit der neuen Situation am besten zurechtkommt. Sie kann sich meist nicht mit anderen austauschen, sodass sie verständlicherweise bei der Rückkehr des Mannes von der Arbeit die Probleme, die sich tagsüber angesammelt haben, besprechen möchte. Männer beklagen sich oft über die vielen negativen Themen, über die ihre Frauen mit ihnen am Abend sprechen wollen, aber das ist aus der Situation der Frau heraus natürlich völlig verständlich. Denn schließlich braucht sie ja gerade für ihre Probleme einen Gesprächspartner.

Widersprüchliche Erwartungen von Mann und Frau

12-Stunden-Job und mehr

Die Erwartungen des Mannes an den Feierabend sind natürlich ganz anders aufgebaut. Er empfindet die Trennung vom Kind während der Arbeitszeit als Verlust und freut sich nun darauf, mit dem Kind zu spielen, zu schmusen usw. Oft wird das Kind aber gerade schlafen, gestillt werden oder muss gewickelt werden, wenn er heimkommt. Und die Frau wünscht sich vielleicht jetzt endlich einmal eine Ruhepause. Diese oft ganz gegensätzlichen Ansprüche sind nur schwer zu koordinieren, und jeder der Partner fühlt sich sehr schnell benachteiligt und erlebt die Partnerschaft als unbefriedigend. Darauf sollte man vorbereitet sein, denn dies führt allzu leicht zu großen unnötigen Konflikten. Es bedarf viel Verständnis füreinander und viel gemeinsamer Planung, um eine befriedigende Lösung für alle zu entwickeln. Eine wesentliche und notwendige Einsicht während dieser Zeit ist die Anerkennung der Tatsache, dass es keinen eigentlichen Feierabend mehr gibt, weder für die Frau noch für den Mann.

Die Chance nutzen

Der Mann sollte in der Zeit nach der Geburt die Verständnisbereitschaft in seinem beruflichen Umfeld nutzen. Man wird ihm ab der späten Schwangerschaft und kurz nach der Geburt ein stärkeres Engagement für seine Familie zugestehen. Jobsharing, Halb- oder Dreiviertelbeschäftigung sowie Neuorganisieren der Pausenregelung könnten vielleicht für die Zeit danach eine gute, befriedigende Lösung bringen. Je weiter die Zeit nach der Geburt fortschreitet, desto weniger wird man dem Mann diese Veränderungen in seinem Beruf weniger zugestehen, und dann meist nicht, ohne ihm vorzuwerfen, dass er sich beruflich nicht genug engagiert und seine Arbeit zu leicht nimmt. Für Mann und Frau gilt es, die notwendigen Ruhepole zu finden und den gemeinsamen spielerischen Umgang mit dem Kind zu pflegen.

Familienleben

Ein steiniger Weg

Für die Tiefe der Bindung des Mannes zu seinem Kind wird die zur Verfügung stehende Zeit und die Echtheit seiner Gefühle von großem Gewicht sein. Die Bedeutung des Familienlebens und das Engagement für die Familie sind abhängig von der Form des Zusammenlebens und von der beruflichen Situation des Paares und daher individuell sehr unterschiedlich geprägt.

Welche Faktoren wirken nun gegen die Bemühungen des Mannes, eine gute Beziehung zu seinem Kind aufzubauen?

Innerfamiliäre Bedingungen

Aus der Situation des „Danebenstehens“ während der Schwangerschaft, der Geburt und der Zeit des Stillens ist der Mann

Beziehung aufbauen ist Arbeit. Manches ist vorgegeben.

lange nicht befreit. Das Stillen bindet das Kind in einer direkten Abhängigkeit an die Mutter. Das Elementare dieser ersten Zeit, die Nahrung, ist körperlicher Bestandteil der Frau. Das Kind saugt aber nicht nur Nahrung in sich auf, sondern auch die körperliche und emotionale Wärme der Mutter. Schwangerschaft, Geburt und Stillzeit sind in ihrer Körperlichkeit aber nur Rahmen für die Entwicklung einer emotionalen Einheit zwischen der Frau und dem Kind, eine Einheit, die der Mann erst zwischen sich und dem Kind aufbauen muss. Die Einheit zwischen Mutter und Kind hat sich in den neun Monaten entwickelt. Das Kind lernt über sie und durch sie. Wie ist das, wenn die Mutter sich freut? Wie ändert sich der Herzschlag, wenn die Mutter sich ärgert? Da verändert sich je nach Gemütslage die Sauerstoffversorgung, die Durchblutung, der Puls, der Blutdruck. Die Liste ist endlos. Einmal spürt das Kind hektische Bewegung, dann fließendes, ruhiges Schweben. Das Fruchtwasser kann ein tosendes Meer oder ein ruhender See sein. Dem entsprechenden Zustand wird eine komplexe Gefühlslage der Mutter zugeordnet, die das Ungeborene erfasst und mit den Veränderungen seiner eigenen Bedingungen in Verbindung bringen und erlernen wird. Man kann also davon ausgehen, dass das Kind bei seiner Geburt die wichtigsten Verhaltensweisen und Reaktionsmuster der Mutter kennt. Es wird auch nach der Geburt mit den Verhaltensmustern seiner Mutter vertraut sein. Der Mann wird sich diese Nähe erst einmal erarbeiten müssen. Das soll Sie jetzt nicht dazu ermutigen, sich aus der Verantwortung zu stehlen, weil die Mutter ohnehin die engere Bindung zum Kind hat. Dies soll Sie vielmehr dazu ermutigen weiterzumachen, an der Beziehung zum Kind zu arbeiten, auch wenn bei gleichem Tun nicht sofort die gleiche Reaktion des Kindes erfolgt. Sie verstehen nun vielleicht, weshalb sich das Kind zunächst nicht durch den Vater so schnell beruhigen lässt wie durch die Mutter.

Wir sehen, wie wichtig das körperliche und seelische Miteinandersein zwischen Mann und Kind ist. Die Babymassage scheint mir hier eine ausgesprochen gute Verbindung von körperlichem und emotionalem Beieinandersein von Vater und Kind zu bieten. Hier können sich beide ihre Bedürfnisse, aber auch ihre Grenzen gegenseitig mitteilen.

Babymassage ist gut für Körper und Seele.

Außerfamiliäre Bedingungen

Neben diesen zwischen Frau und Mann unterschiedlichen Voraussetzungen der Beziehungsaufnahme zum Kind gibt es noch außerfamiliäre Strukturen, die den Platz des Mannes in der neuen Familiensituation mitbestimmen.

Konkurrenz von außen

In der weiterhin häufigsten Familienkonstellation – der Mann geht seinen „beruflichen" Verpflichtungen und die Frau ihren „mütterlichen" Pflichten nach – drängen sich nicht selten noch andere Familienmitglieder vor, um noch vor dem Mann eine tiefe Beziehung zum Kind aufzubauen. So können zum Beispiel Großeltern manchmal zeitweise eine engere Beziehung zum Kind finden als der Vater.

Einmischung oder Hilfe?

Die Frau wird meist nicht auf fremde Hilfe verzichten können, wenn sie die alltägliche Arbeit bewältigen und eigene Freiräume aufbauen will. Bedingt durch den Beruf trägt der Mann wenig zur Unterstützung der Frau bei, er wird sich eher noch selbst vernachlässigt fühlen, denn die Leistung der Frau wird er in den meisten Fällen zunächst nicht erkennen, zumal diese Arbeit gesellschaftlich noch immer kaum Anerkennung findet. Die Frau wird sich also an Freunde oder Eltern wenden, um Hilfe zu bekommen. So können sich zwischen Helfern und Kind engere Bindungen knüpfen, als der Mann sie in der ihm verbleibenden Zeit erlangen kann. Dies verstärkt den Teufelskreis der Entfremdung. Die fremde Hilfe wird dann leicht als Einmischung in die innerfamiliären Angelegenheiten gewertet, was oft zur Folge hat, dass sich der

Rückzug aus der aktiven Familienarbeit beim Mann verringert. Aber die Helfer ihrerseits melden nun einen gewissen Anspruch auf den Kontakt zum Kind an, der sich nicht nur auf Arbeit beschränkt, weil sie sich sonst ausgenutzt fühlen. Das zieht dann weitere Kreise, wenn der Kontakt der Helfer gerade in die Zeit fällt, in der der Mann zu Hause ist.

So kann eine Alltäglichkeit zum Problem werden. Die Nuancen dabei sind zahlreich.

Auch die beste Betreuung kann Probleme aufwerfen

Sehr beeindruckt hat mich die Enttäuschung eines Vaters, dessen Frau nach der gesetzlichen Freistellung von sechs Wochen auch wieder mit voller Arbeitszeit in ihren Beruf zurückkehrte. Das Kind gaben sie zu einer Tagesmutter. Das Kind war wohlauf, es gab damit keine Probleme. Aber das Kind entwickelte eine merklich engere Beziehung zu dem Partner der Tagesmutter als zu dem eigenen Vater. Die Beziehung zur Mutter erfuhr keine Änderung. Es bedurfte langer Diskussionen, bis der enttäuschte Vater bereit war, die „Beziehungsarbeit" am Kind aufzunehmen und etwas für die Beziehung zu tun.

Zeit schenken!

Ich kann nur an dieser Stelle ermutigen, die Möglichkeiten auszuschöpfen und dem Kind die Zeit zu schenken, die man ihm ehrlich und aus eigenem Wunsch heraus geben möchte. Mit dem intensiven Kontakt wächst die positive Antwort des Kindes darauf überproportional. Und wir finden statt dem Teufelskreis der Entfremdung einen positiven Strom von gegenseitiger Liebe.

Dies alles geschieht in Entwicklungsprozessen, die oft unerklärliche Rückschläge, aber auch genauso unerklärliche Vorwärtssprünge beinhalten. Es sind Entwicklungsprozesse, die Zeit und Geduld kosten. Ich habe in meiner Praxis Männer getroffen, die ab der Zeugung mit ihrem Kind eins waren, aber auch Männer, die Jahre brauchten, um mit der Beziehung zu ihrem Kind zurechtzukommen. Ich kann mich nur an sehr wenige Männer erinnern, die ihren Weg zum Kind gar nicht fanden, in manchen dieser Fälle zerbrach die Partnerschaft.

Die Rache des Mannes

Grenzen gemeinsam stecken

Lassen Sie mich noch ein Verhaltensmuster beschreiben, das ich „die Rache des Mannes" nennen möchte. Es ist ein Verhaltensmuster, das eine Entgleisung, ein Auseinanderleben zwischen Mann und Frau anzeigt. Ich habe es schon vorher kurz erwähnt.

Manche Männer suchen ihre Anerkennung durch das Kind durch Zugeständnisse zu erreichen, die den partnerschaftlichen Absprachen mit der Mutter nicht entsprechen. Konkret gesagt, sie erlauben dem Kind Dinge, die die Mutter verboten hat. Das mag im Einzelfall vielleicht akzeptabel sein, verliert aber an Beziehungsechtheit, wenn es sich nur um Anbiederung an das Kind handelt. Das Gleiche gilt für den Fall, wo der Mann zum Animateur im Freizeitbereich degeneriert. Während die Frau im Alltag Grenzen ziehen muss, sucht der Mann seine Chance in der Gestaltung von Freizeit mit Freiräumen, die die Frau im Alltag nicht bieten kann. Hier schaukeln sich dann gegenseitige Vorwurfs- und Konkurrenzhaltungen auf, aber keine klaren Strukturen, die das Kind aber für seine gesunde Entwicklung braucht. Da werden dann laufend Chancen für ein befriedigendes Familienleben verpasst, und letztendlich leiden alle, auch das Kind. An diesem Themenkreis zeigt sich nochmals die Wichtigkeit, Konfliktherde rechtzeitig zu erkennen, zu besprechen und zu versuchen, sie früh genug zu unterbinden, bevor der Zeitpunkt für noch mögliche Verständigung verstrichen ist.

Lebendige Erziehung

Theorie und Praxis

Bei der Erziehung der Kinder wird die Diskrepanz zwischen Theorie und Praxis besonders deutlich. In der Diskussion über Erziehung kann man sich der Gemeinsamkeiten freuen, die Gegensätze in den Meinungen haben aber zunächst keine Wirkung auf das Zusammenleben.

Wer hält länger durch?

In der praktischen Situation aber muss man sich – meist schnell – entscheiden, etwas zu unterstützen, zu verbieten usw. Da können sich dem Partner plötzlich ganz neue Charakterzüge des anderen eröffnen, etwas, womit er nie gerechnet hatte, was ihm zuvor, als noch kein Kind da war, verborgen bleiben musste. Dies können massive Enttäuschungen, aber natürlich auch positive Überraschungen sein.

Der schreiende Säugling

Das Konfliktfeld Erziehung kann ganz gut am Beispiel des schreienden Säuglings verdeutlicht werden.

Es ist schwer, ein Kind nicht trösten zu können, es weinen zu lassen und dennoch bei ihm zu bleiben, wenn es Schmerzen verspürt, die zum Beispiel durch die Anpassung des Darms an die neue Ernährungsform verursacht werden. Neun Monate lang hat das Kind sich durch Stoffaustausch über den Mutterkuchen, also direkt über den Blutkreislauf ernährt. Nach der Geburt muss nun der Darm die Trennung von Nährstoffen und ihren Transport in die Blutbahn übernehmen. Diese Anpassungsprozesse können Wochen und Monate dauern und das Kind mit Blähungen, Verstopfung oder Durchfall quälen. Wie schmerzhaft Darmbeschwerden sein können, ist uns Erwachsenen meist aus eigener Erfahrung bekannt. Obwohl man dies alles wissen mag, fällt es schwer, dem Kind Trost zu spenden, wenn es immer weiter weint. Mehr als sonst braucht es jetzt die Nähe, das Gefühl, nicht verlassen zu sein.

Die eigene Verfassung, das, was der Tag bisher brachte, die individuelle Geduld – ein Heer von Faktoren – bestimmen nun unsere Bereitschaft und Fähigkeit, die Notwendigkeit dieser Nähe einzusehen und die Gefahr der Verwöhnung zu riskieren.

Zu viel? Zu wenig? Selten genau.

Nur selten findet sich eine Übereinstimmung bei Mann und Frau in der Einschätzung des notwendigen Verhaltens beim schreienden Säugling. Die Frau vertraut ihrem Gefühl, ob das Kind Hilfe braucht oder ob es jetzt „verhätschelt" wird. Der Mann fürchtet, dass die körperliche „Abnabelung" nie ein Ende findet, wenn die Eltern auf das Schreien reagieren.

Aber es kann auch umgekehrt sein: Der Mann vertraut seinem Gefühl, dass das Kind jetzt Hilfe braucht, und die Frau fürchtet, dass es verwöhnt wird.

Wie auch immer: Eine Übereinstimmung ist sehr selten, aber eine Entscheidung muss her. Wird das Kind nun auf den Arm genommen oder nicht?

Konfliktfeld Erziehung: Oft ganz banale Anlässe, aber seien Sie darauf vorbereitet

Wo bleibt man selbst?

Gerade bei unserem Beispiel mit dem schreienden Säugling vermischen sich ja auch berechtigte Interessen nach eigener Ruhe, berufliche Verpflichtungen, persönliche Tagesabläufe, eigene Wünsche und Bedürfnisse mit den Ansprüchen des Kindes. Und die Ansprüche des Kindes sind oft so schwer zu verstehen. Weint es nun, weil der Darm rebelliert? Hat es Hunger? Braucht es jetzt Zuwendung?

Nutzen Sie einfach die Zeit der Schwangerschaft, auch darüber zu sprechen, wie Sie sich die Erziehung Ihres Kindes vorstellen, damit Sie auf die gegenseitigen Reaktionen vorbereitet sind. Dabei sollten Sie sich aber auch immer vor Augen halten, dass der Weg das Ziel ist, das heißt, nicht jede Situation lässt sich zur Zufriedenheit lösen.

Hilfe zur Selbsthilfe

Keine Rezepte

Wer erwartet, dass jetzt ein Kapitel mit Rezepten zur Konfliktbewältigung folgt, wird enttäuscht sein. Dennoch glaube ich, dass eine Besinnung auf die uns mittlerweile bekannten Abläufe während Schwangerschaft, Geburt und der Zeit danach, die ich Ihnen in diesem Buch kurz und präzis vorstellen wollte, helfen mag, Probleme gemeinsam zu bewältigen, sie durchzustehen, auch wenn man sie nicht immer zu lösen vermag.

Toleranz und Kenntnis

Gehen wir noch einmal auf den Ausgangspunkt zurück: Die meisten „frisch gebackenen" Eltern werden von vielen unlösbaren Situationen überrascht und glauben, die Einzigen zu sein, die die entstandenen Konflikte nicht bewältigen können. Das ist aber nicht der Fall, und dies sollte man sich auch stets bewusst machen.

Die Probleme werden nicht offen gehandelt.

Die Erkenntnis, nicht die Einzigen zu sein, denen die Lebenslage nach der Geburt des Kindes Schwierigkeiten bereitet, entspannt häufig die Situation und gibt Mut, etwas gelassener an den Schwierigkeiten zu arbeiten. Dass oftmals gar nicht bekannt ist, wie viele andere Eltern an den gleichen Problemen zu arbeiten haben, liegt daran, dass Mann und Frau sich bei all den von der Gesellschaft erwarteten Glücksgefühlen gar nicht trauen zuzugeben, mit wie viel Entbehrung und Anstrengung das einzigartige Glück „erkauft" wird. Allzu leicht wird diesen Eltern vorgeworfen, dass sie ihr Kind nicht wirklich lieben und egoistisch sind.

Großer Einschnitt

Zu dieser Erkenntnis muss aber auch eine völlig neue Toleranz dazukommen. Durch die neue Lebenslage nach der Geburt zeigen sich den Partnern gegenseitig vorher nicht gekannte Verhaltensweisen und Lebenseinstellungen. Dies ist ein neues Erlebnisfeld zwischen Enttäuschung und Freude, und um jetzt die Partnerschaft lebendig und befriedigend zu gestalten und Verletzungen zu vermeiden, braucht jeder der Partner viel Toleranz.

Heilt die Zeit Wunden?

Die Zeit hilft.

Ob die Zeit wirklich Wunden heilt, ist fraglich. Aber sie löst oft die Ursache des Problems. Um noch mal auf unser Beispiel des schreienden Säuglings zurückzukommen: Irgendwann wird das Kind einen Wach-Schlaf-Rhythmus gefunden haben, der dem elterlichen Rhythmus angeglichen ist – und damit ist das Problem dann beendet. Dann wird es sicherlich neue Situationen geben, die zwar Kraft kosten, aber auch Chancen zur Stärkung und Reifung bieten.

Chancen nutzen, Grenzen erkennen, eine neue Körperlichkeit finden

Die Gelegenheit nutzen

Auch wenn es sehr theoretisch klingen mag, ich möchte Sie doch noch einmal auf die große Chance hinweisen, während der Schwangerschaft, der Geburt und der Zeit danach – in der neuen Familiensituation – die persönlichen Bedürfnisse und Grenzen neu zu setzen, beim anderen kennenzulernen, sie achten zu lernen und sich ganz neu, dem aktuellen Entwicklungsstand gemäß, in der neuen Lebenslage einzurichten und sich geborgen zu wissen. In den einzelnen Kapiteln habe ich gelegentlich angedeutet, wie wichtig es ist, die partnerschaftliche Struktur nicht starr auf die veränderte neue Lebenslage zu übertragen und auch die Veränderungen, besonders die der Frau, zu berücksichtigen. Aber diese Zeit der Veränderung bietet eine Chance für beide Partner, sich neu in der Beziehung einzurichten. Nur dadurch bleibt eine Beziehung lebendig und beglückend und ist damit eher gewappnet gegen Missverständnisse und Entfremdung, was zu einer oft unnötigen Trennung führen kann.

Die Grenzen achten

Die Frage der Sexualität nach der Geburt möchte ich an dieser Stelle noch einmal hervorheben, weil sie ein gutes und typisches Beispiel für die Wandlung von persönlichen Grenzen der Frau darstellt. Die Frau wird, wie wir ja bereits wissen, nach dem intensiven körperlichen Erleben von Schwangerschaft, Geburt und Stillzeit oftmals kein Bedürfnis nach penetrierender Sexualität verspüren. Sie wird eher nach Zuwendung, Aufmerksamkeit und Zärtlichkeit suchen. Viele Männer werden lernen müssen, dass dies keine Absage an ihre Liebe ist. In meiner Praxis haben mir viele Männer berichtet, wie sie gerade durch das Eingehen auf die zärtlichen Kontakte neue, ungeahnte Dimensionen der Sexualität kennen gelernt haben.

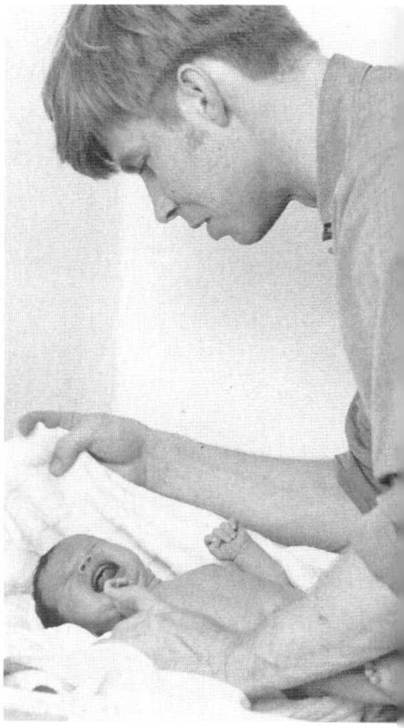

Babymassage

Von Händen und Seele

Die Babymassage fordere ich in „Männerhand“. Sie ist eine geeignete Methode, einen positiven körperlichen Kontakt zum Kind aufzubauen. Wir haben wiederholt von der naturgegebenen Körperlichkeit zwischen Frau und Kind gesprochen, und es will mir nicht einleuchten, dass die Babymassage in den Kursangeboten als Frauensache gilt. Der Mann sollte auch keine Scheu haben, ohne fachliche Einweisung den körperlichen Kontakt zu seinem Kind mit Massagen und Streicheln aufzubauen. Wenn er die immer wieder beschworenen Grenzen beachtet, wird er sich und dem Kind damit nur Gutes tun.

Sich kennen lernen

Er braucht nur zu beachten: Was ist dem Kind angenehmer? Die Massage mit den Fingerspitzen oder dem Handballen? Oder mag es am Bauch die Fingerspitzen und an Rücken und Po die Handballen spüren? Und welche Art tut mir gut? Ist es angenehmer mit Babyöl oder ohne? Was ist dem Kind recht bei Blähungen oder Verstopfung? Mag es vielleicht jetzt gar nicht massiert werden oder gefällt ihm gerade jetzt, dass die obere Wirbelsäule leicht berührt wird?

Dies ist ein Spiel zwischen Ausprobieren, Zurücknehmen, Betonen, Wiederholen, neu Ausprobieren, Beenden. Ein Spiel zwischen Versuch und Irrtum. Ein Spiel zwischen Grenzen. Es symbolisiert das Leben schlechthin.

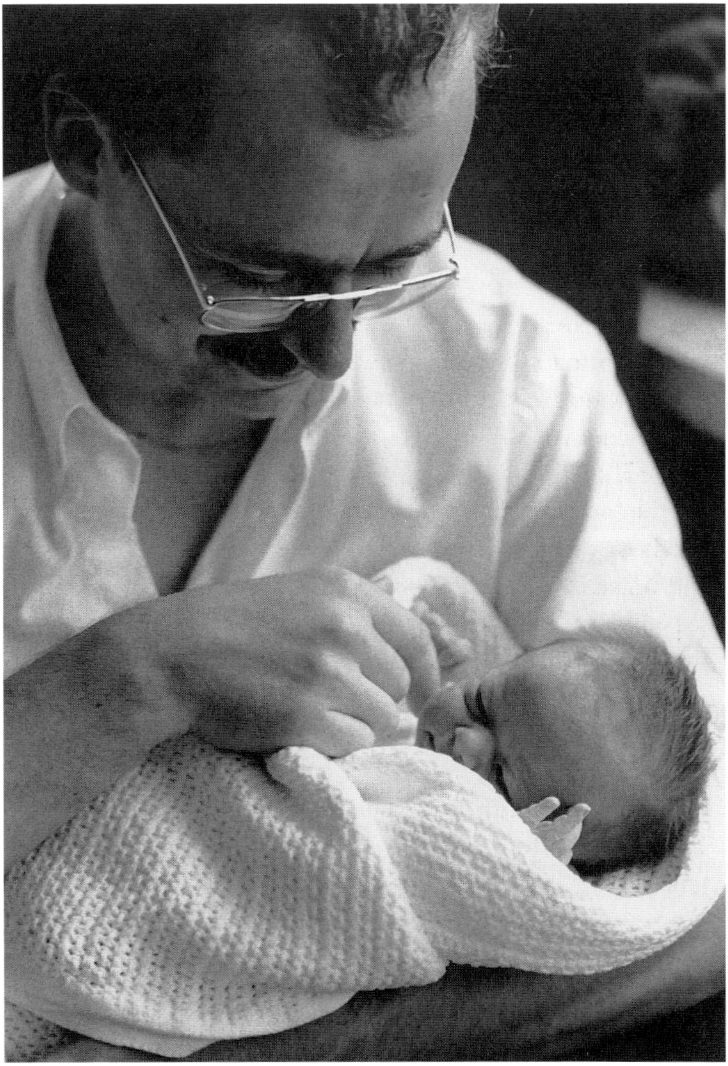

Anhang

Glossar

Abort Fehlgeburt
Abortus incipiens Begonnene Fehlgeburt
Abortus incompletus Unvollständige Fehlgeburt, eine Ausschabung ist dringend erforderlich
Abortus imminens Drohende Fehlgeburt, jede Art von Blutung in der Schwangerschaft. Endet nur selten in einer echten Fehlgeburt
Amnioskopie Fruchtwasserspiegelung, wird bei Terminüberschreitung zur Beurteilung des Fruchtwassers durchgeführt. Über die Scheide wird das Fruchtwasser angeschaut
Amniozentese Fruchtwasseruntersuchung, Fruchtwasser wird über die Bauchdecke mit einer Spritze abgenommen und genetisch untersucht
Apgar-Test Punkteschema, womit der Gesundheitszustand des Kindes drei, fünf und zehn Minuten nach der Geburt beurteilt wird
AFP Alphafetoprotein, ist zum Beispiel bei „offenem Rücken" des Kindes im mütterlichen Blut erhöht vorhanden
AKS Antikörpertest, Suchtest nach Blutunverträglichkeit im mütterlichen Blut
Akzelerationen Kurzzeitige Herzfrequenzbeschleunigung im CTG. Gilt als gutes Zeichen
Anämie Blutarmut, Therapie: eisenhaltige Nährstoffe oder Eisen in Tablettenform
Anti D Medikament zur Verhinderung der Blutunverträglichkeit zwischen Mutter und Kind
Asphyxie Sauerstoffnot
Atemnotsyndrom (RDS) Atemanpassungsstörung nach der Geburt

Bilirubin Gallenfarbstoff, kann bei Neugeborenen erhöht sein. Dann ist eine Phototherapie notwendig
Biometrie Vermessen des Kindes mit Ultraschall
BIP Ultraschallmaß von Schläfe zu Schläfe
Blasenmole Leere Fruchthöhle, zum Beispiel bei einer Fehlgeburt
Blasensprung (vorzeitiger) Platzen der Fruchtblase vor der Wehentätigkeit. Bedarf stets der medizinischen Kontrolle, meist im Krankenhaus oder Kreißsaal
Bradykardie Zu niedrige Herzfrequenz des Ungeborenen
Chorionzottenbiopsie Gewebe des Mutterkuchens (Plazenta) wird über die Scheide entnommen und genetisch untersucht
CTG (Cardiotokogramm) Herzton- und Wehenschreibung
Dopplersonographie Messung der Durchblutung des Ungeborenen mit Ultraschall
Down-Syndrom Auch Trisomie 21 oder Mongolismus genannt
EDA Epiduralanästhesie: Betäubung durch Rückenspritze
Eklampsie Krampfanfall bei erhöhtem Blutdruck der Mutter
Embryo Ungeborenes bis zur 12. Woche
EPH-Gestose Erhöhter Blutdruck in der Schwangerschaft, auch Schwangerschaftsvergiftung genannt. Muss häufig auch medikamentös behandelt werden
Extrauteringravidität Schwangerschaft außerhalb der Gebärmutter. Erfordert meist eine Operation
Femur Oberschenkelknochen
Fetus Ungeborenes nach der 12. Woche
Fetalblutanalyse Sauerstoffanalyse des Kindes während der Geburt. Über die Scheide wird ein Blutstropfen vom kindlichen Kopf entnommen
Fisher Score Beurteilungsschema für CTG
Folsäure Ein Vitamin
Forceps Zangengeburt

Frühgeburt Geburt vor der 36. Schwangerschaftswoche (nach letzter Menstruation)
Gravidität Schwangerschaft
HELLP-Syndrom Besonders dramatischer Verlauf der so genannten Schwangerschaftsvergiftung
Hydramnion Zu viel Fruchtwasser, kann ein Krankheitszeichen sein
Hydrozephalus Wasserkopf
Hyperemesis Erbrechen in der Schwangerschaft
Kontraktionen Wehen
Lungenreifung Cortisontherapie bei drohender Frühgeburt
Mekonium Kindspech, Stuhlgang des Ungeborenen
Missed abortion Verhaltene Fehlgeburt
MOM-Test Hormontest zur Risikoermittlung für Down-Syndrom und „offenen Rücken"
Östriol Ein Schwangerschaftshormon
pathologisch krankhaft
Partus Geburt
PDA Periduralanästhesie (EDA)
pH-Wert Säuregehalt, zum Beispiel des Blutes, darf bestimmte Werte nicht unter- oder überschreiten
Phenylketonurie Stoffwechselerkrankung, erfordert eine Diät
Phototherapie Eine Lichttherapie gegen Neugeborenengelbsucht
Plazenta Mutterkuchen
Plazenta praevia Mutterkuchen liegt vor dem Muttermund. Kaiserschnitt ist erforderlich
Plazentainsuffizienz Der Mutterkuchen kann das Kind nicht mehr ausreichend ernähren
Retardierung Zu langsames Wachstum des Ungeborenen
Rhesusprophylaxe Anti-D-Gabe in der 28. Woche, um eine Blutunverträglichkeit zwischen Mutter und Kind abzuwenden. Nur bei Rhesusfaktor negativ der Mutter

sakral zum Kreuzbein gerichtet
Sectio Kaiserschnitt
SSL Ultraschallmaß von Scheitel bis Steiß
Tachykardie Zu schnelle Herzfrequenz im CTG
Thorax quer Ultraschallmaß von Rippe zu Rippe
Toxoplasmose Infektionserkrankung
Triplediagnostik Entspricht dem MOM-Test
Trisomie 21 Down-Syndrom oder Mongolismus
Uterus Gebärmutter
Vakuumextraktion Saugglockengeburt
Zeichnen nennt man eine Blutung zu Geburtsbeginn
Zeichnungsblutung *siehe* Zeichnen
Zervix Gebärmutterhals, meist 2 bis 3 cm lang
Zervixinsuffizienz Verkürzter Gebärmutterhals

Nützliche Adressen

Spitzenverbände der Freien Wohlfahrtspflege

Bundesarbeitsgemeinschaft der Freien Wohlfahrtspflege e. V. Oranienburger Str. 13, 10178 Berlin, Tel. (030) 240 89-0, Fax (030) 240 89-133, info@bag-wohlfahrt.de, www.bagfw.de
Arbeiterwohlfahrt Bundesverband, Oppelner Str. 130, 53119 Bonn , Tel. (0228) 66 85-0, Fax (0228) 66 85-286 info@awobu.awo.org, www.awo.org
Der Paritätische Wohlfahrtsverband Heinrich-Hoffmann-Str. 3, 60528 Frankfurt, Tel. (069) 67 06-0, Fax (069) 67 06-204 www.paritaet.org
Deutscher Caritasverband Karlstr. 40, 79104 Freiburg i. Br., Tel. (0761) 2 00-0, Fax (0761)2 00-572 webmaster@caritas.de, www.caritas.de

Deutsches Rotes Kreuz Generalsekretariat, Carstenstr. 58, 12205 Berlin, Tel. (030) 854 04-0, Fax (030) 854 04-450
drk@drk.de, www.drk.de

Diakonisches Werk der EKD Stafflenbergstr. 76, 70184 Stuttgart, Tel. (0711) 21 59-0, Fax (0711) 21 59-288
diakonie@diakonie.de, www.diakonie.de

Gesundheitshilfe

Bundesvereinigung für Gesundheit e. V. Heilsbachstr. 30, 53123 Bonn, Tel. (0228) 98 72 70, Fax (0228) 642 00 24
bfge.rg@bfge-2.de, www.bvgesundheit.de

Bundeszentrale für gesundheitliche Aufklärung Ostmerheimer Str. 220, 51109 Köln, Tel. (0221) 89 92-0, Fax (0221) 89 92-300
poststelle@bzga.de, www.bzga.de

Berliner AIDS-Hilfe e. V. Meinekestr. 12, 10719 Berlin, Tel. (030) 885 64 00
info@berlin.aidshilfe.de, www.berlin.aidshilfe.de

CARA e. V. – Beratungsstelle zur vorgeburtlichen Diagnostik e. V. Große Johannisstr. 110, 28199 Bremen, Tel. (0421) 59 11 54, Fax (0421) 59 78 495

Deutsche Krebshilfe e. V. Thomas-Mann-Str. 40, 53111 Bonn, Tel. (0228) 729 90-0, Fax (0228) 729 90-11
deutsche@krebshilfe.de, www.krebshilfe.de

Deutsche Leukämie-Forschungshilfe, Aktion für krebskranke Kinder e. V. – Dachverband Joachimstr. 20, 53113 Bonn, Tel. (0228) 913 94 30, Fax (0228) 913 94 33
info@kinderkrebsstiftung.de, www.kinderkrebsstiftung.de

Familie

Arbeitsgemeinschaft der Deutschen Familienorganisationen Celsiusstr. 112, 53112 Bonn, Tel. (0228) 25 84 64, Fax (0228) 25 41 79
a.sering@familia.de

Bundesverband alleinerziehender Mütter und Väter e. V. Beethovenallee 7, 53173 Bonn, Tel. (0228) 35 29 95, Fax (0228) 35 89 50
vamv-bv@t-online.de, www.vamv.de

PFAD – Bundesverband der Pflege- und Adoptivfamilien e. V. Postfach 900150, 60441 Frankfurt/M., Tel. (069) 979 86 70, Fax (069) 979 86 767
pfad-bv@t-online.de, www.pfad-bv.de

Deutsche Arbeitsgemeinschaft für Jugend- und Eheberatung Neumarkter Str. 84c, 81673 München, Tel. (089) 436 10 91, Fax (089) 431 12 66
dajeb@aol.com, www.dajeb.de

Deutscher Kinderschutzbund e. V. Schiffgraben 29, 30159 Hannover, Tel. (0511) 30 48 50, Fax (0511) 304 85 49
info@dksb.de, www.kinderschutzbund.de

Evangelische Konferenz für Familien- und Lebensberatung e. V. Ziegelstr. 30, 10117 Berlin, Tel. (030) 28 30 39 27, Fax (030) 28 30 39 26
EKFuL@t-online.de, www.kibnet.de

Pro familia – Deutsche Gesellschaft für Familienplanung, Sexualpädagogik und Sexualberatung e. V. Stresemannallee 3, 60596 Frankfurt, Tel. (069) 63 90 02, Fax (069) 63 98 52
info@profamilia.de, www.profamilia.de

Arbeitskreis Eltern werden – Eltern sein e. V. Rennerstr. 4, 79106 Freiburg, Tel. (0761) 28 99 55

FIB – Familienbildungsstätte im Bauchladen Möhlstr. 2, 51069 Köln, Tel. (0221) 680 32 29, Fax (0221) 689 73 56
fibev@web.de, www.fibev.de

BAMS – Beratung alleinstehender Mütter und Schwangere e. V. Pfarrgasse 17, 69121 Heidelberg, Tel. (06221) 41 19 04, Fax (06221) 41 19 0

Beratungsstelle für Natürliche Geburt und Familie e. V. Soziales Netz rund um die Geburt, Häberlstra.17 Rgb., 80337 München, Tel. (089) 53 20 76, Fax (0 89) 532 89 01
natuerliche-geburt@t-online.de, www.natuerliche-geburt.de

Schwangeren-Familienberatungstelle der Arbeiterwohlfahrt Immanuel-Kant-Str. 30, 09337 Hohenstein-Ernstthal, Tel. (03723) 71 10 86, Fax (03723) 62 86 07
awohot-sfb@web.de

Geburtshaus – Bewusste Geburt Elternschaft e. V. Clara-Zetkin-Str. 92, 99099 Erfurt, Tel. (0361) 346 06 43, Fax (0361) 346 06 42
info@geburtshaus-erfurt.de, www.geburtshaus-erfurt.de

Doula – Verein für Geburt in Würde und Menschlichkeit im Geburtshaus und Zentrum für Primärgesundheit Kaiser-Karl-Ring 25, 53111 Bonn, Tel. (0228) 721 57 07
info@geburtshaus-bonn.de, www.geburtshaus-bonn.de

Eltern-Bildungsforum Obsthof Westerburgstr. 31, 58706 Menden, Tel. (02373) 6 69 89, Fax (02373) 68 96 28

Frauengesundheitszentrum Neuhofstraße (FGZN) Neuhofstr. 32 (Hinterhaus), 60318 Frankfurt/Main, Tel. (069) 59 17 00, Fax (069) 59 31 29
frauengesundheit@t-online.de, www.partaet.org/hessen/fzgn

Frauengesundheitszentrum Nymphenburger Str. 38 (Rgb.), 80335 München, Tel. (089) 129 11 95, Fax (089) 129 84 18
fgz@fgz.de, www.frauengesundheitszentrum-muenchen.de

Frauenzentrum „Frauenzimmer" im Verein für Einzel- und Gruppenerfahrung e. V. Kolpingerstr. 18, 59872 Meschede, Tel. (0291) 5 21 71, Fax (0291) 908 04 82

Geburt und Leben – Zentrum für Geburtsvorbereitung, bewusste Elternschaft und ganzheitliches Wachstum e. V. Kaiserstr. 136, 76133 Karlsruhe, Tel. (0721) 84 41 24

Geburtshaus für eine selbstbestimmte Geburt – Beratung und Koordination e. V. Gardes-du-Corps-Str. 4, 14059 Berlin, Tel. (030) 322 30 71, Fax (0 30) 325 51 99
info@berliner-geburtshaeuser.de
www.berliner-geburtshaeuser.de

GfG – Gesellschaft für Geburtsvorbereitung, Bundesverband e. V. Dellestr. 5, 40627 Düsseldorf, Tel. (0211) 25 26 07, Fax (0211) 20 29 19
gfg@gfg-bv.de, www.gfg-bv.de

Herztöne – Beratungsstelle für natürliche Geburt und Eltern-Sein e. V. Welfenweg 16, 93051 Regensburg, Tel/Fax. (0941) 99 92 70
info@herztoene-ev.de, www.herztoene-ev.de

Initiativkreis für Familien- und Erwachsenenbildung e. V. Langeoogstr. 15, 45665 Recklinghausen, Tel. (02361) 4 77 01

IRIS – Regenbogenzentrum Beratungs-, Bildungs- und Begegnungsstätte des IRIS e. V. für Frauen und Familie Schleiermacherstr. 39, 06114 Halle/Saale, Tel. (0345) 521 12 32
irisfamilienzentrum@t-online.de, www.irisfamilienzentrum.de

ISIS – Zentrum für Schwangerschaft, Geburt und Elternschaft e. V. Groner-Tor-Str. 12, 37073 Göttingen, Tel. (0551) 48 58 28
isis-goettingen@t-online.de, www.isis-goettingen.de

Kölner Geburtshaus e. V. Cranachstr. 21, 50733 Köln, Tel. (0221) 72 44 48, info@koelner-geburtshaus.de
www.koelner-geburtshaus.de

Lahar – Verein für bewusste Geburt e. V. Malmedyer Str. 92, 52066 Aachen, Tel. (0241) 6 78 73

Levana e. V. – Verein rund ums Elternsein Osterstr. 51a, 31134 Hildesheim, Tel. (05121) 87 75 3
webmaster@t-online.de, www.levana-ev.de

Mütterzentrum Bundesverband e. V. Müggenkampstra. 30a, 20257 Hamburg, Tel. (040) 40 17 06 06, Fax (040) 490 38 26
info@muetterzentrum-bv.de, www.muetterzentrum-bv.de

Die Oase – Zentrum für Geburtsvorbereitung und Nachsorge und Mütterberatung Longericher Straße 389, 50739 Köln, Tel. (0221) 599 49 94

SILK – Schwanger im Lebensraum Krefeld c/o Barbara Schnell, Mariannenstr. 42, 47799 Krefeld, Tel. (02151) 2 23 87
bschnell@bschnell.de, www.bschnell.de

Sophia – Sonne, Mond & Sterne – Zentrum für Geburt und Elternschaft Lerchenstr. 13, 75447 Diefenbach, Tel. (07043) 55 56
wwagner@s-direktnet.de, www.sophia-babyshop.de

TIAMAT – Zentrum für Familiengesundheit Anger 78/79, 99084 Erfurt, Tel. (0361) 562 17 77
fgz-Tiamat@t-online.de, www.tiamat-erfurt.de

Treffpunkt Schwangere, Mütter, Väter, Babies, Familienpflegedienst Soziales Netz rund um die Geburt im NUSZ (Nachbarschaft- und Selbsthilfezentrum) in der U.F.A. Fabrik Berlin e. V. Viktoriastr. 10–18, 12105 Berlin, Tel. (030) 751 67 06
info@ufafabrik.de, www.ufafabrik.de

Zentrum für Geburtsvorbereitung und Elternschaft e. V. Wasserstr. 25, 59423 Unna, Tel. (02303) 1 26 30, Fax (02303) 49 07 83

Hebammenverbände

Bund Deutscher Hebammen e. V. Gartenstr. 26, 76133 Karlsruhe, Tel. (07 21) 98 18 90, Fax (0721) 981 89 20
info@bdh.de, www.bdh.de
Bund freiberuflicher Hebammen Am Alten Nordkanal 10, 41748 Viersen, Tel. (02162) 35 21 49, Fax (02162) 35 85 92
bfhd@hebamme.de, www.bfhd.de
Österreich
NANAYA – Beratungsstelle für natürliche Geburt und Leben mit Kindern Zollergasse 37, A-1070 Wien, Tel. (0043) 1-523 17 11, Fax (0043) 1-523 17 64
nanaya@utanet.at, www.elternforum.at-nanaya
Verein WEGE – Beratungsstelle für natürliche Geburt, Elternschaft und ganzheitliches Wachstum e. V. Eva und Roman Schreuer, Rankar 12, A-4692 Niederthalheim, Tel. (0043) 76 76-70 17, Fax (00 43) 76 76-73 65
redaktion@wege.at, www.wege.de
Österreichisches Hebammengremium Postfach 584, A-1061 Wien, Tel/Fax. (0043) 1-597 14 04
oehg@hebamme.at, www.hebammen.at
Schweiz
SVM/ASISP, Schweizerischer Verein der Mütterberatungsschwestern Asylstr. 90, CH-8030 Zürich, Tel. (0041) 1-382 30 33, Fax (0041) 1-3 82 30 35
svm@bluewin.ch, www.muetterberatung.ch
Mutterzentrum Bern Muristr. 27, CH-3006 Bern, Tel. (0041) 31-351 51 41
Schweizerischer Hebammen-Verband Zentralsekretariat, Postfach 647, CH-3000 Bern 22, Tel. (0041) 31-332 63 40, Fax (0041) 31-332 76 19
info@hebamme.ch, www.hebamme.ch